HISTOIRE

D'UNE MÈRE

OU CE QUE PEUT

UNE FEMME CHRÉTIENNE

Par ses Enfants

Qui trouvera une femme forte ?
Elle est plus précieuse que ce qui
s'apporte des extrémités du monde.
(Prov., ch. XXXI.)

Je puis tout en celui qui me
fortifie.
(SAINT PAUL.)

LYON	PARIS
VITTE & PERRUSSEL	V. LECOFFRE
LIBRAIRES-ÉDITEURS	LIBRAIRE-ÉDITEUR
3 et 5, place Bellecour	Rue Bonaparte

1885

HISTOIRE

D'UNE

MÈRE CHRÉTIENNE

Lyon. — Imp. Vitte et Perrussel, rue Sala, 58.

LETTRE DU R. P. JEANTIN

PREMIER ASSISTANT DES PÈRES MARISTES

Mon bien cher Frère Philogone,

J'ai lu avec un vif intérêt et une profonde édification la Notice que vous avez bien voulu me communiquer, et qui a pour titre : *Histoire d'une mère, ou ce que peut une femme chrétienne.*

Je suis heureux de déclarer que cette Notice ne contient rien d'opposé à la piété chrétienne, et que tout, au contraire, y respire le plus doux et le plus édifiant parfum de la grâce.

Sainte-Foy-lès-Lyon, le 28 juin 1885.

J. JEANTIN,
Prêtre Mariste, Assistant.

LETTRE DE M. L'ABBÉ BENOIT

AUMONIER DES FRÈRES MARISTES
A AUBENAS

Aubenas, le 26 juin 1885.

Mon très honoré Frère Assistant,

J'ai lu et relu avec une vraie satisfaction le manuscrit que vous avez bien voulu me communiquer. En lisant cette *Histoire d'une mère chrétienne*, il semble que l'on a sous les yeux la copie vivante du portrait que le Saint-Esprit fait de la *femme forte*.

Ce récit, simple mais bien fait, des trésors d'intelligence, de vertus et de foi, que cette simple villageoise dépense dans sa vie d'épreuves, au milieu de ses enfants et parmi tous ceux qui l'approchent, torment un tableau à la fois instructif, édifiant et touchant, qu'on ne lit pas sans émotion ni sans profit.

Je suis persuadé que ce petit livre, propagé dans les écoles, et, par les écoles, dans la famille, ferait un bien considérable.

L'exemple de cette vaillante femme, en butte aux plus rudes épreuves, qu'elle supporte avec calme et constance, et dont elle triomphe à force de courage et de vertus, courage et vertus qu'elle puise uniquement dans sa confiance en Dieu et dans les pratiques de sa religion, serait un excellent curatif contre tant de productions malfaisantes qui, chaque jour, portent avec l'impiété la désolation dans le foyer domestique.

Bien sûr, la lecture de ces pages si intéressantes sera un antidote excellent aux âmes exposées à ces influences néfastes. Tous les cœurs meurtris, ou en proie au malheur, y trouveront un baume salutaire.

Voilà, mon cher Frère Assistant, les sentiments qu'a fait naître en moi la lecture de votre pieux manuscrit. Je souhaiterais avoir le don d'inspirer à tous la lecture de ce bon petit livre.

Je suis sûr que ceux qui liront la première page ne s'arrêteront qu'après avoir lu la dernière.

J'ai l'honneur d'être votre bien dévoué et très humble serviteur.

A. BENOIT,
Aumônier.

HISTOIRE

D'UNE MÈRE

OU CE QUE PEUT

UNE FEMME CHRÉTIENNE

Par ses Enfants

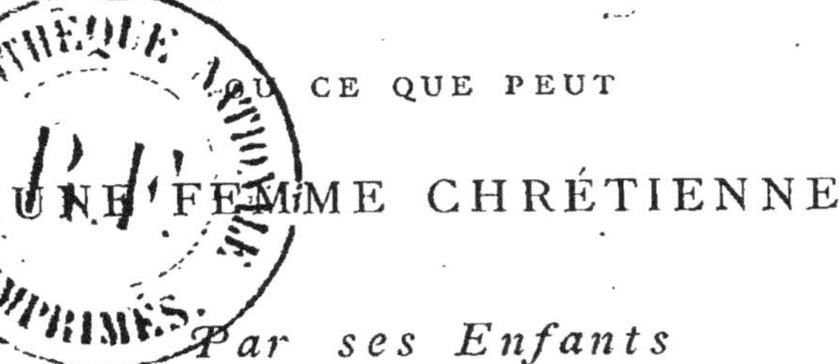

> Qui trouvera une femme forte ?
> Elle est plus précieuse que ce qui
> s'apporte des extrémités du monde.
>
> *(Prov.*, ch. XXXI.)
>
> Je puis tout en celui qui me
> fortifie.
>
> (SAINT PAUL.)

LYON	PARIS
VITTE & PERRUSSEL	V. LECOFFRE
LIBRAIRES–ÉDITEURS	LIBRAIRE–ÉDITEUR
3 et 5, place Bellecour	Rue Bonaparte

1885

ARCHEVÉCHÉ DE LYON

Imprimatur

Lugduni, 3o junii 1885.

T. RICHOUD, *v. g.*

AU LECTEUR

—

ON *n'allume point une lampe pour la mettre sous un boisseau ; mais on la met sur un chandelier, afin qu'elle éclaire tous ceux qui sont dans la maison. Que votre lumière luise de même devant les hommes, afin qu'en voyant vos bonnes œuvres, ils glorifient votre Père céleste qui est dans le ciel.*

C'est cette recommandation de notre divin Maître qui nous a portés, après neuf ans de silence et d'hésitation, à mettre au jour cette petite *Notice biographique*.

En retraçant ici quelques traits de la vie privée d'une vertueuse mère de famille, à la fois éprouvée par l'adversité et consolée par la religion, nous espérons être utiles à plusieurs, et les encourager à supporter avec patience les épreuves inévitables de la vie présente, et à en retirer quelque profit.

De même que les fleurs sont l'ornement de la nature, les vertus chrétiennes sont l'ornement de l'Eglise de Dieu. Mais toutes les fleurs ne sont pas en évidence sur une haute tige comme le lis et la rose; la plupart, telle que la violette, sont parsemées dans la verdure des prairies. Toutes, cependant, ont leur beauté propre et leur mérite particulier; toutes contribuent à embellir et à enrichir la nature, tant par la variété de leurs formes et de leurs couleurs, que par la suavité et l'utilité de leurs parfums. Ainsi en est-il des vertus chrétiennes : les unes sont éclatantes et subjuguent l'admiration ; d'autres, et ce sont les plus nombreuses, dépourvues de cet éclat ravissant, restent voilées sous la modestie du foyer domestique. Mais celles-ci n'en sont pas moins très agréables à Dieu et très avantageuses pour nous.

Ce sont donc ces vertus, plus communes et à la portée de tous, que nous aurons occasion de voir dans la conduite de Mélanie Moulin, veuve Bonin. Nous nous bornerons à relater seulement et très succinctement quelques-uns des traits dont nous avons été les témoins dans la maison paternelle, laissant à la sagesse du lecteur d'en tirer les conséquences qu'il jugera utile.

MÉLANIE MOULIN

Veuve BONIN

> Rendez-vous parfaits ; soyez unis d'esprit et de cœur ; vivez dans la paix, et le Dieu d'amour et de paix sera avec vous.
>
> (II Cor., XIII, 11.)

> C'est vous, Seigneur, que je regarde comme mon ferme appui.
>
> (Ps. LVIII, 10.)

I

NAISSANCE, ÉTABLISSEMENT, ÉPREUVES DE MÉLANIE,
DETTES ACQUITTÉES

MÉLANIE MOULIN naquit en 1800, à Chabons, diocèse de Grenoble, de parents profondément chrétiens. Ils l'élevèrent, ainsi que tous leurs autres enfants, dans la piété et la crainte de Dieu. A l'âge de vingt-deux ans, elle fut donnée en mariage à Jean Bonin, brave jeune homme, de Montrevel, commune voisine. Ils habi-

tèrent une maison attenante à celle de Jean
Bonin, père, située au village de Vaulx.

Ils eurent cinq enfants : deux garçons,
Jean-François, surnommé *Frère*, et Joseph;
trois filles, Marie, Euphrosine et Céline.
Ils les élevèrent dans la crainte de Dieu,
comme ils avaient été élevés eux-mêmes.

Union, piété, amour du travail, économie, tout allait à souhait dans ce modeste
ménage, quand la croix vint subitement
s'y planter et anéantir tous les projets con-
çus.

Au moment où l'on fondait des espérances de prospérité, le bon Dieu appela
à lui le père de cette jeune famille, et dans
les circonstances que voici :

Etant parti avec son beau-frère Beray,
pour aller voir, au Ripeau, un autre beau-
frère, malade, une hernie étranglée se dé-
clara chemin faisant. Ce fut cet accident
qui le ravit à l'affection de sa famille, après
huit jours d'atroces souffrances.

La seule consolation qu'elle eut en cette
douloureuse circonstance, fut l'assurance

que donna son confesseur de la sainte mort qu'il avait faite, et l'espoir d'aller le rejoindre un jour dans le ciel,

De fait, Jean Bonin était un excellent chrétien dont la vie avait toujours été exemplaire. Il accepta la mort avec une parfaite résignation, après avoir reçu les derniers sacrements et tous les secours de la religion. Pourquoi, disait-il, peu auparavant, à sa femme qui l'exhortait à la patience, ne souffrirai-je pas avec patience? J'en ai bien mérité davantage. Ma vie est au bon Dieu, je la lui abandonne bien volontiers.

Cette mort inattendue plongea Mélanie dans une profonde affliction, mais ne l'abattit point. Elle répéta alors, tout en pleurs, ces paroles du saint homme Job : *Dieu me l'avait donné, Dieu me l'a ôté, que son saint nom soit béni !*

Si cette famille eût réussi dans les projets de prospérité dont elle se berçait, tous ses membres se fussent probablement livrés à la vie des champs. Mais Dieu avait sur elle d'autres desseins, et, pour les accomplir, il brise tous ces projets de famille, et arrive à ses fins contre toute prévision humaine. C'est ce que l'action de la Providence sur chacun de ses membres nous donnera occasion de voir.

Mais, à ce moment-là, les desseins de Dieu étaient inconnus, et, à ne juger des choses qu'humainement, cette mort prématurée jetait la pauvre veuve dans d'étranges embarras et dans un avenir tout à fait incertain. Ce fut bien la plus rude épreuve qu'elle dut subir. Il y avait, en effet, de quoi décourager une âme moins fortement trempée que la sienne et moins confiante en Dieu. Cinq enfants sur les bras, dont le plus âgé a dix ans, et le plus jeune, à peine un an ; des biens à administrer, des dettes à payer ; que va-t-elle devenir ?

Après les premières larmes accordées à sa douleur, en personne clairvoyante et sensée, elle se dit : faire travailler nos terres par des mains étrangères, serait n'en rien retirer. Elle fit mieux : elle loua ses terres, vendit cheval, bétail, voitures et tous les instruments aratoires. Des revenus et du produit de son travail, elle se proposa d'élever ses enfants et de payer ses dettes. Seule, sans tuteur, la voilà donc à l'œuvre. Comment s'en tirera-t-elle? C'est ce que nous verrons dans la suite de ce petit récit.

DETTES. — Nous avons dit que Mélanie avait des dettes. Mais d'où pouvaient provenir ces dettes, dans une maison modèle d'ordre, de travail et d'économie? Le voici:

Quatre ans avant sa mort, son mari avait fait une maladie de quinze mois, par suite d'un refroidissement. Peu après la guérison de cette maladie, qui l'avait conduit aux portes du tombeau, il rechuta et resta gravement malade pendant près d'un an. Il ne dut sa guérison qu'aux soins intelligents de sa femme et à l'habileté des médecins, M. le docteur Duplan, de Montrevel, qui le visitait tous les jours, et du docteur Pion, de la Côte-Saint-André.

Durant ces deux ou trois années de maladie, la culture des champs était négligée, tandis que les frais de médecin, de pharmacie, de ménage et d'entretien de toute nature, augmentaient d'un jour à l'autre. De là des dettes accumulées, mais que l'on se promettait bien d'acquitter, une fois la santé revenue. A peine était-on à l'œuvre que la mort vint brusquement ravir cette espérance.

C'est alors que Mélanie, déjà si éprouvée par les longues maladies de son mari, et par les fatigues du soin de ses enfants et de son ménage, se tourna complètement vers Dieu. Et, forte de sa confiance en lui, elle tint la conduite dont nous allons parler.

COMMENT MÉLANIE SE CRÉE DES RESSOURCES. — Tout en soignant ses enfants et en faisant son ménage, la veuve Bonin ne perdait pas de vue ses créanciers. Je ne veux rien faire perdre à personne, disait-elle à ses enfants : pourvu qu'on nous donne du temps, nous paierons tout.

Dans ce but, la courageuse mère travaillait jour et nuit, se levant de grand matin et ne se couchant pas avant onze heures, minuit. Elle utilisait tout, jusqu'à son temps, faisait argent de tout, et évitait toute dépense qui n'était pas de première nécessité. C'était elle qui, aidée parfois de sa sœur Marion, faisait les habits de ses enfants, tricotait leurs bas et les raccommodait. Elle veillait à ce que ses enfants prissent grand soin de leurs habits et de leur chaussure. Occupée à coudre ou à filer, pour gagner du temps, elle les employait au soin du ménage, à tenir l'ordre et la propreté dans la maison. Tous travaillaient, et travaillaient avec plaisir, à une chose ou à l'autre. Ainsi, comme la diligente abeille garnit sa ruche de miel et la fourmi son grenier, l'infatigable Mélanie amassait tous les jours quelque chose qu'elle mettait en réserve pour s'acquitter envers ses créanciers. C'est par ce moyen qu'elle parvint, en peu d'années, à les satisfaire tous, sans rien vendre des biens patrimoniaux qui revenaient à ses enfants.

II

> Apprenez mes paroles à vos enfants,
> afin qu'ils les méditent.
> (Deut. XI, 19.)
>
> Celui qui sème dans l'esprit, recueil-
> lera de l'esprit la vie éternelle.
> (Gal. XIII, 11.)

DU SOIN QUE MÉLANIE APPORTE A BIEN ÉLEVER SES ENFANTS.

MÉLANIE était mère, mère chrétienne, mère pour ses enfants. Aussi, était-elle toute à eux, ne s'occupait-elle que d'eux et de leur avenir.

Avant tout, la veuve Bonin s'appliqua à relever leur courage, en les portant à la confiance en Dieu. Mes enfants, leur répétait-elle, vous n'avez plus de père sur la terre ; mais soyez bien sages, aimez bien le bon Dieu, et il sera votre père. Nous ne sommes pas riches, mais si nous servons bien le bon Dieu, il aura soin de nous, il nous protégera et nous donnera tout ce qui nous sera nécessaire. Puis, mes enfants, priez bien pour votre pauvre père, lui, qui a tant souffert, nous obtiendra du bon Dieu et de la Sainte-Vierge les secours dont nous aurons besoin. La pieuse mère, hâtons-nous de le faire connaître, dans sa confiance en Dieu, disait vrai : Tout s'est réalisé au delà même de ses espérances.

Mais revenons aux soins de ses enfants. Malgré l'état de gêne excessive où l'avaient jetée les maladies et la mort de son mari, jamais elle ne les a laissés manquer du nécessaire; toujours elle les a tenus proprement et convenablement vêtus, et les a pourvus d'une bonne et copieuse nourriture, quoique d'ailleurs très frugale. Elle se privait elle-même pour eux. Quand ils allaient en classe, l'école étant à trois kilomètres de la maison, elle garnissait leurs paniers de ce qu'elle avait de mieux, et se contentait de peu pour elle.

I.

Néanmoins, la cadette de ses filles lui dit un jour, dans sa naïveté enfantine : Ma mère, une telle a tant de bonnes choses dans son panier ! La prévoyante mère lui fit cette sage réflexion, que ses enfants n'ont jamais oubliée : « Mes enfants, nous ne méritons pas d'avoir même tout ce que nous avons. Le bon Dieu est bien trop bon de nous donner tant de choses dont il pourrait nous priver ! » Cette leçon, donnée avec le sérieux d'une affection toute maternelle, produisit son effet ; chacun sut désormais être content de ce qu'il avait, sans porter envie à personne.

Tout en tenant bien ses enfants, Mélanie n'était pas de ces mères prodigues et insouciantes, qui dépensent, au jour le jour, toutes leurs ressources. Elle savait vivre de peu, et mettre en réserve pour l'avenir les fonds dont elle n'avait pas un besoin absolu pour le moment présent.

Elle les forme au travail. — Guidée par la sagesse, la veuve Bonin prévoyait

que l'amour du travail et l'esprit d'économie étaient une fortune à léguer à ses enfants. Elle les y appliqua donc dès le bas
âge. Chacun d'eux avait une occupation dé-
terminée et en rapport avec son aptitude.
Elle les tenait constamment occupés, leur
montrant ce qu'ils avaient à faire et la manière de s'en acquitter. Mais, comme les
récompenses et de petites jouissances sont
un encouragement qui allège la peine et
porte à travailler avec plaisir, elle avait
l'attention de les leur procurer. Ainsi,
après le travail, ses enfants avaient des
moments de délassement et de récréation.
A cela, elle ajoutait de petites récompenses,
même quelques sous. Et, quand la petite
bourse était garnie, on y puisait pour acheter un objet qui plaisait à l'enfant, quelquefois même une partie de vêtement, sou-
liers, chapeau, etc. On portait ces objets avec
d'autant plus de plaisir qu'on les regardait
comme le fruit de son travail et de ses épar-
gnes. C'est ainsi que ces enfants se for-
maient à une vie active et à l'esprit d'éco-

nomie, si nécessaires pour l'avenir d'une famille.

Piété. — Sachant que *la piété est utile à tout*, selon l'expression de saint Paul, très pieuse elle-même par héritage de famille, Mélanie apporta toute son attention à y former ses enfants. Matin et soir, la prière se faisait en commun. Comme elle, ses enfants devaient être à genoux par terre, les yeux baissés, les mains jointes sur la poitrine, et non appuyées sur une chaise ou sur le bord d'une table. Elle ne leur passait aucune négligence sous ce rapport.

Euphrosine, toute jeune encore, s'étant assise pendant la récitation du chapelet, à l'église, sentit tout à coup une main énergique lui secouer l'épaule. Se retournant, elle entendit sa mère lui dire : Comment! tu n'as pas le courage de rester à genoux pendant la récitation d'un chapelet! C'en fut assez pour lui ôter à tout jamais la pensée d'y revenir.

Un autre dimanche, elle vit Jean-François, alors âgé de sept ans seulement, tourner la tête pendant la messe. Au sortir de l'église, elle lui administra publiquement une forte correction dont il a gardé bon souvenir.

Le chapelet se récitait de même, en famille, le dimanche et pendant les veillées d'hiver. Un jour, le petit Jean-François, au moment de se mettre à genoux, dit gaiement : Moi, j'ai dit le mien. Pour toute réponse, la mère Bonin dit : Un autre ne te gâtera pas. Il le récita, en effet, mais souvent distrait par la réplique qu'il s'était attirée : Un autre ne te gâtera pas.

A ces prières, en commun, la pieuse mère voulait que ses enfants en ajoutassent d'autres, en leur particulier. Mes enfants, leur disait-elle souvent, il faut prier en travaillant, se rappeler la présence de Dieu, lui donner son cœur, lui offrir son travail, et toujours le commencer par le signe de la croix.

C'est elle-même qui disait toujours le *Benedicite* et les *Grâces*, à table. Quand ses enfants mangeaient, en dehors du temps des repas, ils devaient dire aussi le *Benedicite* et les *Grâces*.

Le soir de chaque dimanche, au coin du feu, cette bonne mère faisait répéter à ses enfants ce qu'ils avaient retenu du sermon fait à l'église par M. le curé. Et si, à cause de leur jeune âge ou du mauvais temps, ils n'avaient pu assister à la messe, elle leur répétait ce qu'elle en avait retenu, les traits historiques surtout, comme plus accessibles à leur intelligence. C'est ainsi qu'un jour, après avoir entendu le récit du crucifiement de Notre-Seigneur, elle leur raconta qu'en souvenir de cet évènement, M. le curé avait indiqué la manière de bien faire le signe de la croix. Elle se mit alors à former sur elle même un grand signe de croix, comme M. le curé l'avait fait en chaire, et tint à ce que ses enfants le fissent toujours ainsi.

Elle leur apprenait non seulement à prier et à sanctifier leurs actions, mais encore à supporter avec patience la peine attachée au travail et toutes les adversités de la vie. Ses leçons étaient confirmées par l'exemple des saints, dont elle lisait la vie.

Les bonnes lectures lui venaient en aide pour la formation de ses enfants à la vertu. Elle les faisait elle-même, en famille, le dimanche. Et, pour attirer leur attention, elle exigeait que chacun d'eux répétât ce qu'il en avait retenu, et leur aidait à en faire un petit résumé.

Elle les exerçait aussi au chant des Cantiques et des Psaumes. Chanter, disait-elle, c'est prier deux fois; par la parole et le sentiment, et par la voix. Ses cantiques favoris, ceux qu'elle apprenait à ses enfants, étaient :

« Travaillez à votre salut. »
« Nous n'avons à faire que notre salut. »
« Dieu va déployer sa puissance. »
« Bénissons à jamais, »

et autres cantiques faciles et pieux.

Par cette diversité d'occupations et de

leçons, Mélanie entretenait dans sa maison la gaieté et l'amour du travail. Elle avait, du reste, un caractère ouvert et gai, quoique sérieux, et une voix mélodieuse à ravir. Maîtresse chanteuse à l'Eglise, c'était plaisir de l'entendre chanter. Dans la maison, elle chantait, en filant, nombre de cantiques qu'elle savait par cœur.

EDUCATION, INSTRUCTION. — Comme on a déjà pu l'entrevoir par ce qui précède, Mélanie était douée d'une intelligence rare et de beaucoup d'esprit. Elle appliquait ces talents à l'éducation et à l'instruction de ses enfants. Elle ne se bornait pas à cette formation toute chrétienne, dont nous venons de parler, elle leur apprenait, également, le savoir-vivre, la bienséance et l'exercice de la charité. Elle leur donnait des leçons sur les égards qu'ils se devaient réciproquement, sur la manière de se tenir à table, de demander à être servis ; leur inspirait le plus grand respect pour le clergé et les personnes consacrées à Dieu, pour les vieillards et tous ceux qui sont constitués en dignité. Il fallait qu'ils sussent accueillir quelqu'un, lui offrir un siège et dans l'endroit le plus convenable.

Le respect pour les pauvres était aussi l'objet de ses attentions. Afin d'inspirer à ses enfants des sentiments de compassion et de charité pour ces déshérités de la fortune, elle leur faisait distribuer ses aumônes. Pour les y encourager, souvent elle leur répétait : Mes enfants, la messe ne retarde pas, l'aumône n'appauvrit pas.

Quant à l'instruction de ses enfants, Mélanie s'en était en partie chargée. En attendant qu'ils fussent assez grands pour aller en classe, c'est elle qui leur apprenait à lire, leur faisait le catéchisme, et leur en donnait l'intelligence par des explications et des comparaisons mises à leur portée. En sorte que ses cinq enfants ont pu faire leur première communion dès l'âge de dix ans. A sept ou huit ans, ils connaissaient tout le catéchisme du Diocèse.

Un samedi, Mélanie fut trouver M. le

Curé et lui dit : Je pensais que vous auriez admis le petit Jean-François à la première communion ? — Je l'ai trouvé si petit, si petit, répondit M. le Curé, que j'ai pensé qu'il ne pouvait pas savoir son catéchisme. — Il le sait tout, depuis deux ans, reprit la mère. — Pas possible ! Hé bien ! demain, je lui ferai subir son examen. — De fait, le lendemain, au milieu des Vêpres, avant le chant du *Magnificat*, le petit Bonin fut interrogé en présence de tous les fidèles, et admis publiquement à faire sa première communion le jeudi suivant, fête de l'Ascension. Personne ne chanta le *Magnificat* avec plus de joie que la veuve Bonin, heureuse qu'elle était d'avoir entendu son fils répondre avec assurance à toutes les questions qui lui avaient été adressées.

Mais la mère Bonin ne se contenta pas de l'instruction élémentaire qu'elle avait donnée à ses enfants. Dès qu'ils furent assez forts pour fréquenter les écoles, elle les y envoya. Ce ne fut même pas assez, à ses yeux ; elle voulut les tenir, tour à tour, en pension. L'aîné, Jean-François, y est resté quatre ans ; les autres, un peu moins. Mais tous reçurent une instruction qui les mettait en état de se tirer convenablement d'affaire dans le monde.

CONSCIENCE. — C'est ici que se révèle la délicatesse de conscience de cette mère admirable. Si elle a pris soin d'inspirer à ses enfants l'amour du travail, de former leur cœur à la piété, de les initier aux bons usages de la société, d'éclairer leur esprit de connaissances utiles, elle tient encore plus à ce que leur conscience ait une délicatesse telle, qu'ils se rendent irréprochables.

« Mes enfants, leur disait-elle souvent, plutôt mourir que d'offenser Dieu. Ne faites jamais tort à personne, souffrez plutôt des injustices de la part des autres. Soyez toujours francs, ne trompez, ne mentez jamais. » Elle confirmait de tels principes par sa propre conduite. Exemples :

Un dimanche, ses deux aînés, Marie et

le Frère, revenant de la messe, trouvèrent, sur le chemin du Crui, qui longeait leur terre, des châtaignes précoces, récemment tombées. Ils en remplirent leurs poches, et, tout joyeux, les portèrent à leur mère, disant : Voici des châtaignes que nous avons trouvées sur le chemin du Crui. — « Mes enfants, leur dit la mère, toute surprise, qu'avez-vous fait là ? Nos châtaignes à nous ne sont pas encore mûres. Celles-ci sont au père Barruel. Reportez-les vite où vous les avez ramassées. » Les deux enfants, tout consternés de leur méprise, se hâtèrent de les y reporter.

L'un d'eux ayant trouvé quelques pièces de monnaie et un couteau, les porta à sa mère. Celle-ci, en présence de tous ses enfants, dit : « Ce que nous trouvons ne nous appartient pas. Il faut s'assurer qui l'a perdu, et le rendre. Nous serions bien aises, ajouta-t-elle, qu'on nous rendît ce que nous aurions perdu. Faisons pour les autres ce que nous voudrions que l'on fît pour nous. »

Rien donc, on le voit, ne fut négligé de

la part de cette mère intelligente et chrétienne, pour assurer l'avenir de ses enfants, bien qu'elle ignorât alors les desseins de la Providence sur chacun d'eux.

III

Celui qui fera et qui enseignera sera grand dans le royaume des cieux.
(Matt. v. 19.)
Elle a ouvert sa main à l'indigent; elle a étendu ses bras vers le pauvre.
(Prov. xxxi. 20.)

CONDUITE DE MÉLANIE ENVERS LE PROCHAIN

OEUVRES SPIRITUELLES. — Le dévouement de Mélanie ne se limitait pas aux soins et à l'éducation de ses propres enfants; il s'étendait beaucoup plus loin.

Il se trouvait dans le village nombre de jeunes gens qui ne fréquentaient pas l'école, soit parce qu'ils en étaient trop éloignés, soit parce qu'ils ne pouvaient pas en payer la rétribution. A cette époque, toutes les écoles étaient payantes et peu nombreuses. Que faisait Mélanie? Elle réunissait ces jeunes gens, chez elle, tous les soirs, et parfois même dans la journée, et leur apprenait les prières et le catéchisme, puis le leur expliquait. Elle leur apprenait aussi à lire. Ils avaient tant d'attrait à écouter ses leçons, que, le dimanche, ils observaient quand *la Mélanie* partait pour l'Eglise, et venaient lui faire cortège. (*La Mélanie* est la dénomination dont on se servait, généralement, pour désigner la veuve Bonin). Autour d'elle, chemin faisant, on répétait joyeusement les leçons de catéchisme, apprises pendant la semaine précédente.

La Mélanie avait un tact tout particulier pour apprendre le catéchisme à ces pauvres enfants illettrés. C'est au point que, si M. le Curé rencontrait quelques têtes dures, il leur disait : Allez prier la mère Bonin de vous apprendre votre catéchisme. — Nombre de pères de famille disent aujourd'hui que, sans la Mélanie, ils n'auraient pas fait leur première communion.

Ici, on se demande, naturellement, comment cette femme, qui avait à élever cinq enfants en bas âge, un ménage à faire, et à travailler pour acquitter de vieilles dettes, pouvait encore trouver du temps pour instruire les ignorants. He bien! le voici :

Mélanie filait, elle était habile fileuse, et, tout en faisant tourner son rouet, elle apprenait à ses propres enfants et aux autres le catéchisme, qu'elle savait en entier par cœur. C'est de la sorte qu'elle les a instruits, sans perdre un instant de son travail. A tel moment de la journée et de la veillée, ils se tenaient rangés près d'elle, pour étudier, lire ou réciter. Cela fait, chacun vaquait au travail qui lui était assigné.

Œuvres corporelles; aumônes, soins des malades. — *L'aumône n'appauvrit pas.* Pénétrée de cette maxime, Mélanie a toujours fait l'aumône. Jamais pauvre n'est venu à la maison sans être assisté : nourriture, linge, vêtements, chacun recevait quelque chose.

Quand ses filles furent placées au couvent, elles lui apportaient, en la venant voir, quelques douceurs, et certains objets qui pouvaient lui être agréables. Cette charitable mère les recevait, toute joyeuse, pensant qu'elle en ferait part aux pauvres et aux malades. Lorsque ses filles étaient parties, loin d'user de ce qui lui avait été apporté, elle le distribuait, en temps opportun, aux pauvres et aux malades.

Un jour, ses filles l'étant venues voir, l'une d'elle lui dit : Ma mère, pourquoi n'avez-vous pas mangé ce que nous vous avions apporté ! C'est sans doute que vous voulez encore le donner ? Et, cela disant, partage en deux une tablette de chocolat, pour lui en donner un morceau. Cette charitable mère comprit que c'était pour l'empêcher de donner la tablette entière à ses

malades. De grosses larmes coulant aussitôt de ses yeux, elle lui dit : « Ah ! ma fille,
si tu savais ce que souffrent les malades
pauvres, qui n'ont personne pour les soigner, et qui manquent de tout, tu ne me
ferais pas cette peine. » Ses filles, toutes stu-
péfaites de cette réflexion, dont le ton et
l'air leur en disaient beaucoup plus que les
paroles, se promirent bien de laisser désormais leur mère distribuer ses aumônes selon l'inspiration de son bon cœur.

Une fois tous ses enfants placés, Mélanie,
n'ayant plus qu'à penser à elle-même, se
voua tout entière aux œuvres de charité.
Très adroite pour servir les malades, elle
fut faite Présidente des Garde-malades de
la paroisse. Rien alors n'échappait à sa vi-
gilance et à son dévouement. Le jour
et la nuit, elle était sur pied quand le
besoin le demandait. Connaissait-elle une
famille dans la nécessité, elle s'y transpor-
tait, l'assistait et l'encourageait à supporter
avec patience l'épreuve que la Providence
lui envoyait.

Ayant appris qu'une mère de famille était malade, elle fut la voir, et trouva plusieurs enfants malades avec leur mère. Tout leur manquait : pain, linge, bois. Profondément touchée de leur misère, Mélanie court à Biol, commune voisine, et fait provision de nourriture, de médicaments et de linge.

Quand elle allait veiller des malades, elle portait parfois de l'huile et du bois, si elle prévoyait qu'il en manquât.

Mais il semble qu'avec tant d'aumônes, les petites ressources de la Mélanie devaient s'épuiser. Pas du tout. Elle avait une ressource inépuisable, sa confiance en Dieu, et, selon le besoin, du courage pour quêter. En effet, quand elle n'avait plus rien, elle priait, puis se rendait chez quelques bons voisins, demander pour ses malades. On se faisait un plaisir de lui donner, sachant l'usage qu'elle en faisait.

Elle ne pouvait voir souffrir quelqu'un sans en avoir compassion. On l'a vue acheter de l'étoffe pour habiller les pauvres,

leur donner même de ses propres vêtements, rendre toutes sortes de petits services, et jusqu'à balayer la maison, ranger les
choses, laver et raccommoder les effets des
enfants de ces familles, qui se trouvaient
dans le dénûment.

C'est ainsi, comme le dit saint Paul, que
la charité est ingénieuse et courageuse.
Elle trouve, en soi et au dehors, des ressources capables d'étonner ceux qui en
sont témoins.

Sur la fin de sa vie, la veuve Bonin tint
à sa fille, sœur Saint-Aubin, ce langage :
« Vois-tu, *ma sœur*, (qu'on ne s'étonne pas
de cette dénomination, *ma sœur* ; c'est par
respect pour la profession religieuse que
Mélanie s'en sert à l'égard de ses enfants,
plutôt que de : *ma fille, mon fils*) « Vois-tu,
ma sœur, nous n'avons jamais été riches,
et, pourtant, nous avons toujours eu de
quoi donner aux pauvres. Plus on donne,
plus le bon Dieu bénit. Non, non, l'aumône n'appauvrit pas. Je vous l'ai dit souvent, à tous, quand votre pauvre père est

mort, nous devions beaucoup. Tu sais
combien j'ai dépensé pour vos pensions,
trousseaux, voyages et le reste. Hé bien !
tout est payé. Nous ne devons rien à personne. Je n'ai rien vendu de ce que nous
avions, et j'ai encore de l'argent en réserve.
Vois-donc, ma fille, comme la Providence
nous a aidés, et quelle confiance nous devons toujours avoir en Dieu. Oh ! que le
bon Dieu est un bon Père ! Donnez donc
toujours aux pauvres tout ce que vous
pourrez. Pour moi, je crains que le bon
Dieu me reproche de n'avoir pas assez
donné. »

Ce langage seul suffirait à faire l'éloge de
la charité de la veuve Bonin.

FERMETÉ ET CONSTANCE. — Pour parve-
nir à élever ses enfants, à solder ses dettes,
à exercer la charité et le zèle, il fallait nécessairement à cette femme, jeune encore,
une fermeté et une constance que l'on
trouve rarement dans les personnes de son
sexe. Douée, comme nous l'avons déjà vu,

d'un bon jugement, de beaucoup de tact,
et de sens pratique, de perspicacité et d'activité, elle agissait de sang-froid, et, par
suite, avec plus de sûreté. Au lieu de se
perdre au milieu des affaires et des difficultés, elle savait se posséder et rester maîtresse de ses actes. Aussi, dans sa conduite
envers ses enfants, comme dans les affaires,
a-t-elle toujours su unir la douceur avec la
fermeté et la constance. Tout en ayant pour
eux une tendresse de mère, elle avait une
autorité de père. Jamais elle ne leur a rien
passé de répréhensible. Et, sans user de
rigueur, elle savait les maintenir dans le
devoir, et le leur rendre agréable. Elle
était, il faut bien le dire, payée de retour,
par une docilité toute filiale et par un attachement inaltérable. Aucun d'eux ne se
serait permis de lui manquer en quoi que
ce soit. Tous, au contraire, s'empressaient
de lui aller au devant et de prévenir ses
désirs. Elle recueillait ainsi les fruits de la
bonne éducation qu'elle s'appliquait à leur
donner.

2.

Pas de pusillanimité ni de faiblesse chez elle. Si Mélanie était condescendante envers les étrangers ; si même elle leur faisait des concessions, pour un bien de paix, elle savait aussi soutenir son droit et le faire respecter. Quelques traits seulement :

Sachant que son mari était mort, un ancien créancier, de Bourgoin, vint lui réclamer, impérieusement, une somme de cinq cents francs, qui lui avait déjà été payée. — N'êtes-vous pas un tel ? lui demanda la jeune veuve. — Précisément, je suis un tel. — Mais vous avez été payé, il y a longtemps ! — Pas du tout ; ou payez-moi, ou je vous envoie l'huissier.— L'huissier ! C'est parce que vous avez affaire à une pauvre veuve que vous parlez d'huissier ! Vous devriez au moins avoir compassion de mes enfants ! Et, cela disant, elle ouvre un tiroir, en sort la quittance des cinq cents francs réclamés, et, la montrant au faux créancier, avec sa signature, lui dit : Savez-vous lire ? — Devant cette pièce, et l'attitude de la veuve et de tous ses enfants, le prétendu créancier perdit contenance et sortit en se confondant dans de vagues excuses.

Mélanie connaissait ceux avec qui elle avait affaire. Aussi, au lieu de faire valoir ses droits avec rigueur, elle apportait, quand il le fallait, un tempérament à ses procédés, afin d'arriver à son but sans blesser personne. C'est ce que dénotent les deux faits qui suivent.

Des personnes d'une commune voisine, lui ayant fait un tort relativement considérable, elle fut fortement sollicitée à les faire citer. Je m'y prendrai autrement, dit-elle. En effet, elle leur envoya ses deux plus grandes filles pour leur dire qu'elle leur pardonnait, et s'en rapportait à leur conscience, pour la somme qui lui revenait, à titre de dommages-intérêts. Charmées d'un tel procédé, ces personnes la satisfirent convenablement.

Un homme qui avait eu affaire avec son mari, lui restait redevable d'une somme d'argent. Quelque temps après l'échéance,

Mélanie fut la lui réclamer. Ce débiteur, que nous nous abstenons de nommer par égard pour les membres de sa famille, qui vivent encore, nia la dette. Bien plus, il injuria la pauvre veuve, et, prenant une chaise, il la frappa brutalement et la poussa dehors. Mélanie, en pleurs, s'en retourna toute déconcertée. Peu après, l'occasion de se venger se présenta, elle la saisit. Elle se vengea, en effet, mais à la façon de l'Evangile : *Faites du bien à ceux qui vous font du mal.* Ce débiteur, étant tombé malade, Mélanie le visita et lui procura des adoucissements et des remèdes qu'elle seule avait pu se procurer et avec beaucoup de peine. Le malade, confus d'une telle charité de la part d'une personne à laquelle il était déjà redevable et qu'il avait maltraitée, n'en pouvait croire ses yeux. Les attentions et les prières de Mélanie finirent par toucher ce cœur endurci et le tourner vers Dieu. Quelques jours avant sa mort, il la fit appeler pour lui demander pardon et la remercier des services qu'elle lui avait rendus.

La constance et la fermeté de Mélanie se manifestèrent aussi bien dans ce qui la concernait personnellement que dans les affaires, en général. Deux faits suffiront pour nous édifier à cet égard.

La maison de Mélanie faisait suite à celle de son beau-père, et se trouvait un peu ombragée par les arbres qui étaient à l'entour. De l'avis de ses enfants, alors tous grands et placés, elle résolut de la vendre et d'en bâtir une autre, très bien située, dans son vaste jardin, au côté opposé. Seule, elle dirige cette entreprise et la conduit à bonne fin. C'est dans cette maison, tout à fait à sa convenance, qu'elle a passé les dernières années de sa vie et qu'elle a rendu le dernier soupir.

Le fait suivant est peut-être unique dans son genre. Il dénote une force d'âme peu commune.

Mélanie, nous l'avons déjà dit, était intelligente et avait reçu, pour l'époque et la localité, une assez bonne instruction. Mais, en ce temps-là, c'était à la suite de la révolution de 1793, les écoles étaient peu nombreuses, et l'instruction moins avancée qu'aujourd'hui. On faisait de l'histoire, de la géographie, du calcul oral, etc., mais pas d'écriture, du moins dans quelques écoles de filles : cette leçon était remplacée par des leçons de couture, de tricotage et de broderie. Mélanie avait appris toutes ces choses, et s'était même rendue habile à déchiffrer les manuscrits et les vieux parchemins ; mais elle n'avait appris qu'à la dérobée à former quelques lettres et à signer son nom.

Quand tous ses enfants furent placés au loin, ayant à correspondre fréquemment avec eux, elle sentit vivement le besoin de savoir écrire. Est-il possible, disait-elle, qu'il me faille recourir à une main étrangère pour faire mes lettres, tandis que je lis toutes celles des autres ! Il n'en sera plus ainsi, je vais retourner en classe.

Cette résolution prise, elle ferme sa porte et va se mettre en pension chez les Sœurs de Montrevel. On vit alors cette femme, âgée de cinquante ans, assise sur les bancs des petites écolières, et s'exercer à l'écriture, comme l'une d'elles. Après trois mois, se sentant capable de se tirer d'affaire, elle dit aux Sœurs : mes Sœurs, j'en sais assez. Adieu. Et elle regagna sa maison.

Depuis, elle a fait, seule, toutes ses correspondances, qui étaient même d'un assez bon style ; car elle avait beaucoup de facilité pour s'exprimer. Nous aurons encore une occasion, dans la suite de ce récit, de voir se manifester, en maintes circonstances, ce même caractère de fermeté et de constance.

Ascendant de Mélanie sur les esprits. — La rectitude de son jugement et son impartialité, un certain degré de connaissances et d'éducation, joints à beaucoup de bonté, de tact et de délicatesse dans les procédés, inspiraient en elle une grande confiance et lui donnaient un puissant ascendant moral sur les esprits. Aussi, en maintes circonstances, la prenait-on pour arbitre dans les différends.

Aux œuvres spirituelles et corporelles de miséricorde dont il a été question, ci-devant, s'en ajoutait une autre, fort appréciée dans les familles : la réconciliation des ennemis et le retour à Dieu.

Connaissait-elle des personnes en mésintelligence, elle provoquait adroitement une réunion en sa maison. Là, après quelques paroles de gaieté, suivies de réflexions fort sensées, elle les décidait à s'entendre et à se pardonner réciproquement.

En raison des difficultés à vaincre, il lui arrivait parfois de prendre, comme à son insu et par la force des choses, un air solennel et un saint empire auxquels on ne pouvait résister. Et ceux qui, auparavant, ne pouvaient se voir, s'embrassaient avant de sortir de chez elle et s'écriaient : « *Vive la Mélanie!* » Ces personnes, ainsi réconciliées, lui exprimaient ensuite leur reconnaissance en lui apportant quelques présents.

Par son raisonnement, plein de sens et de charité, elle a eu aussi la consolation de décider plusieurs retardataires à s'approcher régulièrement des sacrements. Ses raisons étaient d'autant mieux acceptées, qu'elle était, personnellement, plus désintéressée. On sentait qu'elle faisait du bien aux autres dans le seul but de leur être utile.

IV

> Le sage se rend aimable dans ses paroles.
>
> (Eccl. xx, 13.)

DÉLICATESSE DE SENTIMENT

Nous avons déjà vu, dans les leçons qu'elle donnait à ses enfants, quelle était la délicatesse de conscience de Mélanie. Elle ne se serait pas permis, et n'aurait pas toléré en eux des actes répréhensibles. Un fruit appartenant à un voisin, un objet trouvé, devait être rendu à son propriétaire. Elle n'avait pas moins de délicatesse au point de vue des convenances.

Quelle joie n'éprouvait-elle pas quand ses filles la venaient voir ! Et, cependant, elle craignait toujours de gêner leurs Supérieures, en les retenant auprès d'elle. Après deux ou trois jours, avant même que leur permission fût expirée : allons, mes filles, leur disait-elle, n'abusons pas de la bonté de vos Supérieures ; hâtez-vous de ranger mes affaires, et vous repartirez. Plus tard, je puis avoir besoin de vous, ce sera alors le cas de rester davantage. Aujourd'hui, je suis bien portante, je me suffis. Et puis, ajoutait-elle, avec un aimable sourire, quand vous êtes par là, vous me mettez toujours en retard pour mes prières.

Préoccupées de son isolement, parfois ses filles lui écrivaient : ne souffrez-vous pas sans nous le dire ? Ne vous manque-t-il rien ? N'endurez-vous pas le froid pendant les longues nuits d'hiver ? — « Soyez bien tranquilles, à mon sujet, répondait cette tendre mère, je me porte bien et n'ai besoin de rien : je suis bien couverte la nuit et chaudement habillée pendant le jour. » — Mais eût-elle éprouvé quelque besoin, qu'elle l'aurait tu à ses enfants, de peur de les mettre dans l'inquiétude.

Autre fait : un voisin étant à abattre des noix, vit le Frère, alors âgé de 6 ans, le regarder. Va quérir ton petit panier, lui dit ce voisin, et tu le rempliras de noix. A l'instant le panier fut apporté et rempli, et le Frère, tout joyeux, le porta à sa mère. Mon Frère, lui dit doucement la mère, ce n'est pas ainsi que l'on fait ; il faut être plus délicat. Il suffisait d'accepter quelques noix, et non un plein panier. Reportes-en la grosse moitié sous le noyer ; ce qui fut aussitôt exécuté.

Toujours convenable à l'égard de tout le monde, elle l'était également envers ses enfants. Elle ne se serait jamais permis une expression malsonnante, même pour les reprendre. En pareil cas, elle usait parfois de fermeté, mais jamais de ton brusque ni emporté.

Elle voulait que ses enfants, entre eux, fussent aussi très convenables, et qu'ils ne se dissent aucune parole blessante. Elle tenait à ce qu'ils ne fussent pas trop exigeants en quoi que ce fût, en nourriture comme en habillements, et leur apprenait à modérer leurs désirs.

Néanmoins, elle savait, selon une expression vulgaire, reculer pour mieux sauter : elle accordait, selon le besoin, une dragée à la nature, afin d'arriver à mieux sans rien brusquer. — Son Benjamin, encore tout petit, avait la petite ruse de faire le malade pour avoir du sucre, ou pour s'exempter du travail. L'industrieuse mère feignait de le croire, et, aussitôt, un verre d'eau sucrée mettait le malade sur pied. — Mais la mère, qui avait à cœur de bien élever ses enfants, ne perdait pas le souvenir de la maladie au sucre. A un moment donné, elle mettait adroitement et avec une fine ironie, la maladie sur le tapis, avec le remède à l'eau sucrée. Le petit malade, voyant son artifice déjoué, se promettait bien ne plus le devenir. Cette manière adroite et délicate de corriger et de former ses enfants, lui réussissait mieux que les plus vertes remontrances.

C'est par de telles attentions, et par une complaisance sans bornes, que Mélanie se conciliait l'estime et l'affection de tout le monde, et qu'elle se faisait aimer et respecter de ses propres enfants.

V

> Cherchez avant tout le royaume de Dieu et sa justice, tout le reste vous sera donné par-dessus.
>
> (Matt., vi, 33.)

PLACEMENT ET VOCATION DES ENFANTS DE MÉLANIE

DISPOSITIONS DE MÉLANIE A CE SUJET. — C'est ici qu'apparaît dans tout son jour l'esprit de foi, aussi bien que la générosité de cette mère chrétienne. Son désir le plus ardent était de vouer tous ses enfants au service de Dieu. Une mère moins confiante en Dieu et plus soucieuse de son avenir, aurait dit : Aujourd'hui, mes enfants sont grands, instruits, bien élevés, ils prendront soin de moi et me dédommageront des sacrifices que j'ai faits pour eux; je tiens donc à ce qu'ils ne s'éloignent pas. Mais tout différent est son langage. Mes enfants, se dit-elle, sont à Dieu, à Dieu je les laisse, à Dieu je les voue.

Donc, en mère clairvoyante et pénétrée d'un esprit profondément chrétien, elle prépare l'avenir temporel de ses enfants, en même temps que leur sort éternel. Pour atteindre ce double but, rien de mieux, à ses yeux, que la vie religieuse. Là, se disait-elle, à l'abri des dangers du monde, dégagés de tout embarras de famille, mes enfants pourront aisément servir le bon Dieu et s'assurer le ciel.

Elle avait, du reste, souvent présente à l'esprit cette sentence de Notre-Seigneur Jésus-Christ : *Que sert à l'homme de gagner l'univers, s'il perd son âme.* Aussi, quelle n'était pas sa joie quand l'un de ses enfants lui manifestait le désir d'embrasser l'état religieux! Pour lui en fournir les moyens, elle s'imposait, de grand cœur, les plus généreux sacrifices. C'est ce que nous nous proposons de faire connaître à mesure que se dessinera la vocation de ses cinq enfants.

Vocation. — Le premier qui se sentit appelé à la vie religieuse fut Jean-François, l'aîné des garçons, surnommé le *Frère.* Ce surnom de Frère, soit dit en passant, est le seul sous lequel il a toujours été désigné dans la localité, dès le plus bas âge; c'est encore le seul par lequel on le désigne aujourd'hui.

Après être resté quatre ans, à Viriville, en pension chez les Frères, il entra au noviciat de Notre-Dame-de-l'Hermitage sur Saint-Chamond (Loire). C'était le 29 septembre 1841, fête de saint Michel-Archange. Il avait alors quinze ans et demi. · A sa prise d'habit, il fut nommé *Frère Philogone*.

Sa mère, qui avait consacré une partie de ses · ressources à payer sa pension, à Viriville, dut s'industrier pour les frais de trousseau et de noviciat. Aidée de ses autres enfants, elle en vint à bout. En voilà donc un de placé. Il lui en reste quatre.

Cinq ans après, Marie, l'aînée des filles, se trouva aussi inclinée vers la vie religieuse. La vertueuse mère, accédant à son désir, ne perdit pas un moment. Elle se rend à Fontaines-sur-Saône, où demeurait Euphrosine, sa fille cadette, pour aller avec elle, à Lyon, traiter de l'admission de Marie dans quelque couvent. N'en connaissant aucun, arrivées à Lyon, elles furent conduites dans une communauté où la personne qui les reçut, d'un caractère haut et sec, les accueillit froidement, malgré une excellente lettre de recommandation de M. le Curé de Montrevel. La pauvre mère Bonin, toute surprise d'un tel accueil, dit tout bas à Euphrosine : Retirons-nous, je ne mettrai pas Marie dans cette maison.

Elles se dirigèrent donc vers le quartier des Chartreux, chez les Sœurs de Saint-Joseph, où elles furent bien reçues. J'aimerais bien voir Marie dans cette maison, dit aussitôt la mère Bonin; ces Sœurs me paraissent bien convenables. On traita donc des conditions d'admission. La Sœur chargée de cette mission feignit un moment de se montrer exigeante. Etait-ce à dessein de l'éprouver? Il y a lieu de le supposer, vu la facilité avec laquelle on reçut dans la suite les deux sœurs de Marie. Quoi qu'il en soit, la mère Bonin, confiante en Dieu, ne se déconcerta pas; elle souscrivit à tout, comptant bien y faire face un jour ou l'autre.

Les conditions arrêtées, elle repart pour Montrevel, prépare le trousseau demandé, se défait même, pour le compléter, d'une partie de son meilleur linge; bien plus, elle fait le sacrifice de sa croix d'or, souvenir de famille, à laquelle elle tenait beaucoup;

et, quelques jours après, amène elle-même sa fille au couvent. Puis, aidée de ses deux autres filles, Euphrosine et Céline, elle parvient à payer la pension aux époques déterminées. Au bout de deux ans de noviciat, Marie revêtit le saint habit religieux et reçut le nom de *sœur Saint-Aubin*.

En 1849, Joseph, le plus jeune de la famille, fit connaître à sa mère son intention d'embrasser l'état religieux, comme son frère aîné. Après lui avoir donné le temps de mûrir suffisamment ce pieux dessein, elle se décida très volontiers à le lui laisser exécuter.

Grâce à son frère et à la bienveillance de ses Supérieurs, les conditions d'admission lui furent bien adoucies. Néanmoins, au trousseau qu'elle avait préparé au complet, elle dut ajouter un appoint en argent. Elle fit le tout avec la plus généreuse gaieté. Rien ne lui coûtait quand il s'agissait de faire une position convenable à ses enfants et d'assurer leur avenir.

Joseph, à sa prise d'habit, reçut le nom de *Frère Félicien*.

Vint, enfin, le tour d'Euphrosine, la plus dure à la détente. Celle-ci n'avait d'abord nulle envie d'embrasser la vie religieuse. Son oncle Louis, de Cailloux-sur-Fontaines, lui dit un jour : Et toi, Euphrosine, ne veux-tu pas aussi te faire sœur ? — Moi, répondit-elle incontinent, je veux gagner de l'argent et rester avec ma mère. — Elle gagnait, en effet, de l'argent ; mais, par sa bonne conduite et par sa piété, elle gagnait aussi, et sans s'en douter, la vocation religieuse.

Souvent, elle pensait à son aînée et à ses deux frères, qui étaient dans des couvents. Elle-même s'y trouvait en esprit. La grâce de Dieu agissait sur cette âme droite et naïve. Euphrosine écrivit donc à sa mère que, depuis déjà longtemps, elle se sentait attirée vers sa sœur, et que, finalement, son intention était d'entrer au couvent. Si vous y consentez, ajouta-t-elle, ce sera fait.

A cette nouvelle, sa mère, transportée de joie, lui écrivit en ces termes :

« Ma très chère fille,

« J'ai appris avec bonheur que tu penses
à suivre ta sœur Marie, aujourd'hui, sœur
Saint-Aubin. Hé bien ! ma fille, si telle est
ton intention, je t'en prie, ne retarde pas.
Même, si tu veux partir tout de suite, j'irai,
s'il le faut, te suppléer, pendant quelques
jours, à Fontaines. Je suis disposée à faire
pour toi, comme pour les autres, tous les
sacrifices possibles. Pour hâter ton entrée
au service du bon Dieu, je suis même ré-
solue à te céder une partie de mon vestiaire.
Il est juste que je me dépouille pour toi,
qui t'es dépouillée pour ta sœur Marie. »

Toute confuse de tant de condescendance
et d'une si généreuse proposition, Euphrosine écrivit à sa mère pour la remercier et
l'informer qu'elle avait pris ses mesures.
Sauf un peu d'argent qui me manque, ajouta-t-elle, pour compléter ma pension, j'ai

tout le reste. Il me faut encore deux cents francs, mais sous peu, je les aurai.

Sa vertueuse mère lui répondit aussitôt de ne mettre aucun retard à son entrée au couvent. Et, sa lettre expédiée, craignant quelque atermoiement, elle part pour Fontaines, toujours disposée à suppléer sa fille, s'il est besoin. Mais celle-ci était prête, et elle se rendit, conduite par sa mère, au couvent de Saint-Joseph.

Elle y fut reçue avec empressement. C'était le 1ᵉʳ octobre 1851. La Révérende Mère Supérieure générale, voyant la générosité de la mère Bonin, n'hésita pas à faire une réduction sur le prix de la pension de sa fille.

Mais, Euphrosine, à la pensée que sa mère serait désormais seule avec Céline, avait le cœur gros au moment de la séparation. Sa mère s'en aperçut. Ne pleure pas, lui dit-elle ; sois, au contraire, pleine de confiance et de courage : le bon Dieu nous aidera. Il ne nous a jamais délaissés. Et elle partit toute radieuse d'avoir donné un quatrième enfant à la Religion.

Euphrosine, sur la fin de son noviciat, revêtit le saint habit religieux et reçut le nom de *sœur Saint-Adrien*.

Il ne restait donc plus à la veuve Bonin que Céline, la plus candide de la famille et du plus heureux caractère. Elles se proposaient, l'une et l'autre, de faire bon ménage ensemble, et de se payer d'affection réciproque.

Évidemment, la pieuse mère se trouvait bien de la compagnie de cette chère enfant. Et, dans ces conditions, qui eût jamais osé supposer qu'elle désirât donner encore à Dieu cette fille sur qui se reportait tout ce qu'elle avait de tendresse maternelle? Tel était cependant l'objet de ses vœux. Il lui semblait ne pouvoir être contente qu'après avoir fait à Dieu ce dernier sacrifice.

Céline, de son côté, partageait les désirs de sa mère; mais comment se décider à la quitter et à la laisser dans un complet isolement? Une impulsion irrésistible la poussait au couvent; mais elle n'osait s'en ouvrir à sa mère, de peur de paraître ingrate et de lui causer de la peine. La mère craignait elle-même, d'être présomptueuse en prétendant donner tous ses enfants au bon Dieu.

L'une et l'autre s'efforçaient donc de refouler en elles-mêmes des désirs et des craintes qui s'entrechoquaient, et qu'elles appréhendaient de se communiquer. Ainsi, tout en paraissant contentes, elles ne l'étaient qu'à demi.

Un jour, cependant, la mère prit sur elle-même d'interroger sa fille sur ses desseins. A cette interrogation, l'air seul de Céline fut une révélation pour la mère. Hé bien! ma fille, reprit-elle, si ton dessein est d'imiter tes sœurs, exécute-le ; ne retarde pas ton départ; pars sans inquiétude. Le bon Dieu qui m'est toujours venu en aide le fera encore.

Celine, tout interdite par un tel langage, et fortement émue, ne sait que répondre ni que faire. Laisser sa mère seule, elle ne peut s'y résoudre. Rester auprès d'elle, pour être son bâton de vieillesse, elle n'y consentira pas, connaissant son attrait pour la vie religieuse. Finalement, la piété filiale l'emporte et Céline dit : Ma mère, je reste.

Devant cette résolution, fortement accentuée, que fera la mère ? Toujours pleine de confiance en Dieu, et désireuse d'accomplir son adorable volonté, elle reprit : Non tu ne resteras pas. Le bon Dieu t'appelle, il n'y a pas à hésiter, il te faut partir ; prépare tes effets.

Force fut donc de les préparer ; et, quelques jours après, cette mère incomparable, par un acte héroïque de générosité, conduisit elle-même sa fille à Lyon.

Elle demande d'abord à voir sa fille cadette, la sœur Saint-Adrien, qui se trouvait encore au noviciat. On lui communique le nouveau projet. Réjouie et attristée, tout à la fois, de cette résolution, elle ne sait qu'en dire. Puis, prenant Céline à part, une lutte de piété filiale s'engage entre elles.

Il n'est pas prudent, dit sœur Saint-Adrien, de laisser seule notre mère. Elle arrive sur l'âge, elle aura des besoins, il faut nécessairement quelqu'un pour lui tenir compagnie et pour la servir. Puisque le bon Dieu t'appelle à la vie religieuse, tu resteras ici; moi, qui n'ai que commencé mon noviciat, je l'interromprai pour retourner auprès de notre mère. — Il n'en sera pas ainsi, reprit Céline, tu es mon aînée, il convient que je cède et que tu continues ton noviciat. C'est donc affaire entendue, je m'en retournerai.

Cette détermination prise, la mère, comme malgré elle, se vit obligée de céder.

De retour à la maison, elle ne pouvait goûter de repos. Toujours dans l'appréhension d'être, même sans le vouloir, cause de la perte de la vocation de sa fille, elle lui disait : « Vois-tu, ma Céline, il te faut partir. Je ne mourrais pas tranquille si tu manquais ta vocation. Le bon Dieu m'en demanderait compte ! Cette bonne mère n'eut de tranquillité qu'après avoir décidé de nouveau Céline à entrer au couvent.

Avant de l'y conduire, elle voulut pourtant se procurer une satisfaction, satisfaction bien légitime pour une mère, celle de voir, une dernière fois, tous ses enfants réunis autour d'elle. Dans ce but, elle écrivit au Révérend Frère Supérieur Général des Frères Maristes, et à la Révérende Mère Supérieure Générale des Sœurs, qui s'empressèrent d'accéder à ses désirs.

SCÈNE DE FAMILLE. LES ADIEUX. — Cette réunion de famille eut lieu au mois de septembre 1853. Les deux religieuses, sœur Saint-Aubin et sœur Saint-Adrien, arrivèrent le matin chez leur mère. Le frère Philogone et le frère Félicien y arrivèrent le soir du même jour.

En attendant leur arrivée, les deux sœurs s'occupèrent à décider leur mère à garder Céline auprès d'elle. Elles virent, à leur grand regret, tous leurs raisonnements échouer devant l'inflexible résolution de leur mère.

Alors, ma mère, dit sœur Saint-Adrien, puisque vous voulez absolument que Céline parte, moi, qui ne suis encore que novice, je resterai avec vous. — Non ma fille, reprit énergiquement la mère, en souriant, je ne te veux pas. — C'est moi qui resterai, dit aussitôt Céline, avec fermeté. — Non, encore une fois, reprit la mère, toujours souriante, je ne veux ni les unes ni les autres. Partez toutes, et partez bien tranquilles.

Voyant la détermination inébranlable de la mère, les trois filles se dirent : Ce que nous ne pouvons obtenir, le frère l'obtiendra, car la mère a toute confiance en lui. Dès l'arrivée des deux frères, elles s'empressèrent donc de les gagner à leur cause.

Mais, laissons parler un moment l'un des acteurs :

Les choses en étant là, le soir donc, après souper, nous nous rangeâmes tous autour du foyer, notre mère au milieu de nous. Ce fut un moment solennel.

Il y avait onze ans que nous ne nous étions pas trouvés tous réunis. Durant ce temps, que de choses avaient déjà changé !

Cependant, que de souvenirs nous remettaient à l'esprit, ces mêmes lieux, ces mêmes places, ces mêmes chaises, ces mêmes personnes, précédemment enfants, aujourd'hui, grandies et revêtues du costume religieux ! ! ! Que de reconnaissance nous devons au bon Dieu et à notre bien-aimée mère ! C'est là que, enfants, nous recevions les caresses de notre pauvre père, qui n'est plus ! C'est là que notre pieuse mère se plaisait à nous faire le catéchisme, à nous raconter des histoires édifiantes, à nous donner des leçons de vertus, à nous faire chanter, et même à nous égayer par quelques bons mots ! C'est là que, bientôt, cette bonne mère allait se trouver seule, comme dans une profonde solitude ! Toutes ces choses et beaucoup d'autres, nous saisissaient tout entiers et nous pénétraient, individuellement, jusqu'au fond de l'âme. Aussi, tous, le cœur serré, restâmes-nous quelque temps dans un profond silence !... Aucun de nous n'avait la force de surmonter son émotion, pour pouvoir articuler quelques paroles... Nous étions réunis, peut-être pour la dernière fois ! De fait, ça été la dernière !...Notre bonne et sainte mère, toujours joyeuse, nous regardait ; nous la regardions !..... Elle se délectait d'être ainsi, après onze ans de séparation, entourée de ses enfants, tous consacrés à Dieu ; car, pour elle, Céline était déjà religieuse !...

Enfin, l'un de nous rompit le silence, et la conversation fit diversion avec les pensées et les sentiments qui nous avaient tenus tous en suspens.

Vint ensuite la question palpitante d'intérêt pour tous, celle de décider notre mère à retenir Céline auprès d'elle. Ce fut le Frère qui porta l'antienne. Ses sœurs s'en réjouirent, espérant que leur mère se laisserait fléchir. Vain espoir. Le Frère ne réussit pas mieux que ses sœurs. En présence de tous, notre mère répéta ce qu'elle avait dit dans la matinée. Tous aussi nous comprîmes qu'il ne fallait pas la fatiguer, en insistant davantage, et il se fit de nouveau un profond silence...

Le Frère prit enfin la parole et dit, spontanément : « Ma mère, il paraît visiblement que le bon Dieu veut se charger de vous, puisqu'il nous appelle tous à son service... Hé bien ! Mon Dieu ! puisque vous nous voulez tous pour vous, nous nous reposons sur vous du soin de notre mère ! ! ! »

Ces paroles furent suivies d'un silence prolongé et d'une émotion générale...

Notre généreuse mère, voyant le sérieux que mettaient ses enfants à cette importante affaire, et maîtrisant son émotion, d'un ton fort grave, nous tint ce langage :

« *Mes enfants, le bon Dieu ne m'a jamais abandonnée. Vous savez les épreuves par lesquelles nous avons passé ; avez-vous remarqué que la Providence ne nous soit pas toujours venue en aide ? Hé bien ! mes enfants, je sais que je ne serai pas seule : le bon Dieu sera toujours avec moi, et il ne m'abandonnera pas. Vous pouvez donc tous partir tranquilles, et Céline aussi.* »

Mille pensées diverses se pressèrent alors dans notre esprit, et, le cœur oppressé, nous restâmes comme anéantis dans un profond silence...

Enfin, l'entretien de cette soirée se termina par la résolution de chanter, tous ensemble, le lendemain, le *Magnificat* et le *Te Deum*, en actions de grâces des bienfaits signalés dont le bon Dieu comblait la famille et chacun de ses membres.

Le lendemain donc, nous nous réunîmes tous dans une petite chapelle, établie dans la pièce voisine, notre mère au milieu de nous. Sur le point d'entonner les cantiques d'actions de grâces, une émotion s'empara subitement de nous tous, et des larmes de reconnaissance envers Dieu se confondirent aux larmes de douleur de laisser seule notre bien-aimée mère. Au lieu de chanter, nous dûmes nous contenter de psalmodier le *Magnificat* et le *Te Deum*, arrosant de nos larmes chacun des versets.

Peu après, en face du crucifix et de l'autel de la sainte Vierge, sur l'heureuse inspiration d'une de nos sœurs, il s'agissait, avant de nous séparer, de nous réunir tous en la personne de N.-S. Jésus-Christ, et, dans ce but, de placer chacun de nous dans l'une de ses sacrées Plaies. ce qui fut fait d'après le rang d'âge. Ainsi :

Sœur Saint-Aubin fut placée dans la Plaie de la main droite ;

Frère Philogone, dans la Plaie de la main gauche ;

Sœur Saint-Adrien, dans la Plaie du pied droit ;

Céline, dans la Plaie du pied gauche ;

Et Frère Félicien, dans la Plaie du Sacré-Côté.

Notre sainte mère, les résumant toutes, prit pour elle la sainte couronne d'épines. Par ce choix, ne semble-t-il pas qu'elle pressentait les douleurs de tête que lui réservait la Providence, et qui devaient terminer sa vie ?

Cette touchante scène terminée, le Frère et son Frère Félicien firent à leur vertueuse mère leurs adieux, avec des sentiments qui se devinent et se sentent mieux qu'on ne peut les exprimer, et s'en retournèrent.

Les trois sœurs restèrent encore quelques jours pour achever de préparer le trousseau de Céline.

Il fallut enfin se séparer de cette mère chérie et la laisser dans la solitude. L'adieu fut excessivement pénible à la nature. Ces trois filles ne pouvaient détacher leurs yeux fixés sur leur mère. Des sanglots éclatèrent. A ce spectacle, les voisins eux-mêmes, attendris, ne pouvaient parler.

Seule, la courageuse mère, ferme comme un rocher, se possédait, quoique cependant de grosses larmes roulassent dans ses yeux. Comme une autre Chantal, elle calmait les inquiétudes de ses filles et les encourageait de tout son pouvoir. Partez tranquilles, leur disait-elle, le bon Dieu aura soin de moi. Croyez, ajoutait-elle, en souriant, et selon une expression familière, que je vais être bien contente, maintenant, que je serai débarrassée de toute ma petite marmaille. Priez pour moi, soyez bien sages et ne vous inquiétez pas. C'est de la sorte qu'elle leur parlait, en les accompa-

gnant à la voiture qui devait les emporter
à Lyon . . . , ...
. . . .

La Supérieure générale des Sœurs fut
ravie d'admiration, en apprenant, de ces
trois filles, la conduite de leur vertueuse
mère, les sacrifices inouis qu'elle avait
faits, et l'isolement complet où elle s'était
réduite, pour donner ses cinq enfants à la
religion. A leur prière, cette bonne Supérieure voulut bien les assurer que si leur
mère tombait malade, elle enverrait l'une
d'elles pour la soigner.

Elle a tenu parole. Pendant les derniers
mois de sa vie, la mère Bonin a eu la consolation d'être assistée, tantôt par l'une,
tantôt par l'autre de ses filles. C'est sœur
Saint-Aubin qui a eu le plus de part à cet
honneur; c'est elle aussi, comme sœur
Saint-Adrien, qui s'est rendue digne de
tout éloge, par le dévouement admirable
qu'elle a déployé en cette douloureuse
circonstance.

Céline fut donc admise au noviciat et

regardée comme une enfant de bénédiction. Elle revêtit, plus tard, le saint habit religieux et fut nommé *sœur Anne-Mélanie*.

Mais, nos trois sœurs, de retour à Lyon, reportaient sans cesse leurs pensées vers leur mère. Elles ne pouvaient se pardonner de la laisser seule. Aussi, elles ne tardèrent pas à lui écrire leurs préoccupations et leurs inquiétudes.

Cette mère admirable, toujours ferme dans ses principes de confiance en Dieu et de générosité envers lui, leur écrivit en ces termes :

« Mes chères filles,

« J'ai reçu avec plaisir de vos nouvelles, et j'en bénis le bon Dieu. Une seule chose me peine : c'est de vous voir si peu courageuses, Ce n'est pas bien pour des sœurs. Je ne comprends pas que des religieuses n'aient pas plus de confiance en Dieu. Vous me croyez malheureuse; hé bien! mes enfants, je puis vous assurer que je n'ai jamais été si heureuse que depuis que vous êtes tous partis. Croyez-vous que le bon Dieu puisse m'abandonner? Ayez donc un peu plus de confiance et de courage, et ne vous inquiétez pas de moi. Je chante, en filant, comme un hautbois. Je fais en paix toutes mes prières ; tandis que, quand vous étiez par là, vous m'en faisiez toujours perdre quelques-unes. Je n'ai besoin de rien. Je suis la plus heureuse des mères. Encore une fois, mes chères filles, soyez bien tranquilles ; priez bien pour moi, et ne vous occupez qu'à devenir de bonnes et ferventes religieuses. »

Cette lettre où se traduit une entière confiance en Dieu, rendit enfin la paix à ses trois filles.

Quand Céline prit le saint habit, sa pieuse mère voulut assister à la cérémonie, et demanda à ce que la dernière de ses filles portât son nom : *Mélanie*, ce qui lui fut accordé. Elle y vint donc, parée de ses plus beaux habits. Sa physionomie était rayonnante de bonheur. La Maîtresse des

Novices, la révérende mère Aglaé, la voyant, ne put s'empêcher de l'aborder et de lui dire : Vous me paraissez bien joyeuse, Madame Bonin, en donnant votre dernière fille au bon Dieu? Ah! ma révérende Mère, répondit-elle, je voudrais en avoir dix, je les lui donnerais toutes. Mon grand bonheur est de voir, aujourd'hui, tous mes enfants au service de Dieu.

CONTRADICTIONS. — Cependant, jugeant des choses par le côté purement humain, tous ne partageaient pas, tant s'en faut, la manière de voir de la *Mélanie*. Chacun, se croyant mieux avisé, lui donnait son conseil. Déjà, quand le frère, son aîné, partit pour le couvent, elle eut plus d'un assaut à soutenir. Que faites-vous? lui disait-on; maintenant, que le frère est grand, instruit, bien formé, en état de faire vos affaires, vous le donneriez au couvent! Pas possible! Un autre disait : Fallait-il tant dépenser d'argent pour le faire élever, et vous en passer ensuite!

Ne réussissant pas auprès de la mère, on s'adressa au Frère, présumant que, jeune encore, il n'aurait point de défense et se laisserait gagner. Tentative infructueuse. L'un de ses parents même, M. Henri de Lemps, très bon chrétien d'ailleurs, et qui avait trois de ses fils prêtres, se mit aussi de la partie, dans des vues d'intérêt pour la famille. Tu es l'aîné, lui dit-il, ta mère a besoin de toi, reste avec elle. — Inutile. — Si au moins tu te faisais prêtre? ajouta-t-il. — Le fils, comme la mère, resta inébranlable.

Ce fut bien autre chose quand on vit les enfants de Mélanie partir tous, l'un après l'autre. Les uns, il est vrai, l'en félicitaient et lui portaient envie; mais d'autres en jugeaient tout autrement, même dans des vues de bienveillance pour elle et pour ses enfants. A quoi pensez-vous donc, Mélanie, de laisser partir ainsi tous vos enfants? Qui prendra soin de vous dans votre vieillesse et quand vous serez malade? D'autres disaient : La Mélanie va faire de ses enfants des bourgeois et des dames, puis quand elle sera dans le besoin, ils la délaisseront.

Pauvre Mélanie! lui dit un jour une voisine, je vous plains de rester toute seule et de n'avoir pas vos enfants avec vous! — Que dites-vous là? reprit Mélanie; je suis la plus heureuse des mères! Tous mes enfants sont bien placés et contents; je n'ai plus à m'occuper que de moi, et, grâce à Dieu, je me suffis bien. Si mes enfants étaient par là, ayant chacun une famille, je ne suffirais pas à leur venir en aide. Voyez une telle et une telle, de quels secours leur sont leurs enfants? Ne faut-il pas, au contraire, que ces pauvres grand'-mères soient toujours sur pied pour eux, et se dépouillent pour les aider? Du reste, ajouta-t-elle, ce n'est là qu'une question secondaire que mes enfants soient avec moi; l'essentiel est qu'ils se conduisent bien, servent le bon Dieu et assurent leur salut.

Mais ces bons voisins, qui parlaient de

la sorte, par compassion pour Mélanie, eurent occasion, dans la suite, de changer complètement de sentiment et de langage.

Quand ils virent les attentions si délicates que les sœurs apportaient, tour à tour, à soigner leur mère, malade, ces mêmes voisins et voisines lui disaient : O Mélanie ! que vous êtes heureuse d'avoir de tels enfants ! que de consolations ils vous donnent ! — « Vous avez raison, répondait-elle ; je suis vraiment heureuse de les voir tous si sages ! Je ne méritais pas que le bon Dieu me donnât de si braves enfants ; comme je ne mérite pas les soins qu'ils me donnent, nuit et jour. » Ils enviaient le sort de cette mère, et sortaient d'auprès d'elle édifiés, et, parfois, les yeux pleins de larmes, en voyant la piété filiale et la charité si bien pratiquées dans cette famille.

VI

> J'ai prié, et l'esprit de sagesse
> est venu en moi.
>
> (Sag. VI, 21.)

SON GENRE DE VIE DANS L'ISOLEMENT

SEULE désormais, seule toujours, comment Mélanie passera-t-elle son temps? Comme par le passé : elle travaillera, elle exercera la charité, mais elle donnera surtout un libre cours à sa piété.

Habituée au travail, dès le bas âge, elle trouvait son plaisir à travailler. Elle y trouvait aussi des ressources pour assister les nécessiteux. Et, loin de s'attrister dans son isolement, elle conservait sa gaieté habituelle, et, tout en travaillant, elle chantait de sa belle voix, comme un rossignol, au printemps.

PIÉTÉ DE MÉLANIE.— *Dévotion au Chemin de la Croix, à la sainte Vierge et à saint Joseph.* — Nous avons déjà vu avec quel esprit de piété Mélanie a élevé ses enfants, et le temps qu'elle consacrait à la prière. Nous revenons néanmoins sur ce sujet, qui a été l'âme de la vie de cette vertueuse mère de famille.

Elle avait un temps fixé pour réciter, tous les jours, ses prières, son chapelet, et faire ses lectures spirituelles. Quoique éloignée de l'Eglise d'une demi-heure de marche, elle allait souvent à la messe dans la semaine.

Cet éloignement de l'église lui fit vivement regretter de n'y pouvoir assister tous les jours. Dans le but de satisfaire sa piété sous ce rapport, elle résolut de louer une maison rapprochée de l'église. Elle en écrivit au Frère, présumant qu'il l'encouragerait dans son dessein, comme précédemment pour la construction de sa maison. Le Frère, comprenant que sa mère, déjà âgée, avait besoin d'exercice, tant pour se tenir l'esprit en éveil que pour maintenir sa santé, et qu'elle prenait nécessairement cet exercice, soit chez elle et dans son jardin, soit dans le trajet de sa maison à l'église, chercha à la détourner de ce projet. Mais, pour la consoler, il lui dit : le bon Dieu, qui a tout disposé pour vous fixer à Vaulx, veut que vous y restiez. Vous n'y perdrez rien, car votre bon Ange compte tous les pas que vous faites pour vous rendre à l'église, et vous en serez certainement récompensée. Vous vous priveriez de cette récompense, en évitant ce trajet. Cette réflexion suffit pour la tranquilliser.

Très assidue aux Offices des dimanches et des fêtes, elle s'y rendait toujours de bonne heure. Cette exactitude était devenue le signal du départ des habitants du quartier. La Mélanie, se demandait-on, est-elle partie? Si oui, on se mettait aussitôt en route.

Elle était également assidue aux prières des Quarante-Heures, aux instructions du carême, et aux saluts et bénédictions du Saint-Sacrement, pendant l'octave de la Fête-Dieu.

Elle bravait le temps, quel qu'il fût, pluie, neige ou chaleur. Ce qui lui rendait le voyage particulièrement pénible, pendant les dernières années, c'était une douleur à la tête, qui l'obligeait d'y tenir la main tout le long du trajet.

Quand la maladie la retenait à la maison, elle lisait les prières de la messe, psalmodiait les vêpres, en s'unissant aux fidèles, pendant que ces exercices avaient lieu à l'église de la paroisse. Pour achever de se dédommager, elle y ajoutait d'autres prières et quelques pieuses lectures.

Mélanie était avide de tout ce qui tendait à l'unir à Dieu. Les cérémonies de l'Eglise surtout, et les chants lui procuraient des moments de vraies délices. Elle se trouvait toute réjouie à l'approche du dimanche et des fêtes solennelles. Ces jours-là, elle se

réconfortait et faisait provision de piété et
de contentement pour toute la semaine.
Aussi, avec quelle ardeur mêlait-elle sa
mélodieuse voix au chant de l'Eglise. Puis,
quelle tenue édifiante ! Il suffisait de la voir
pour être porté au recueillement et à la
piété.

Elle savait aussi trouver la sainte joie au
pied du crucifix. Quand elle ne pouvait pas
aller à l'église, elle faisait le chemin de la
Croix dans sa chambre, transformée en
petite chapelle. — Avant ton arrivée, disait-
elle un jour à sœur Saint-Aubin, alors que
j'étais toute seule, et que le temps me
durait de vous voir tous, j'allais au pied de
la croix, à côté de la sainte Vierge ; là, je
lui parlais de son divin Fils, puis de vous
tous. Cela fait, je chantais un cantique, et
j'avais recouvré la sainte joie. O ma fille,
ajouta-t-elle, que nous serions heureux
si nous aimions bien le bon Dieu et la
sainte Vierge !

Après le bon Dieu, la sainte Vierge et
saint Joseph étaient tout pour elle. Ainsi

que le lui avait suggéré le Frère, elle s'était fait, depuis le départ de ses enfants, une compagnie de la Sainte Famille. Aussi, en toute occasion, conversait-elle familièrement avec quelqu'un des membres de cette Famille sainte.

Très satisfaite de sa dévotion à la sainte Vierge, elle s'occupait à l'entretenir chez les autres. Etant éloignés de l'église, les habitants du hameau se réunissaient, tous les soirs du mois de mai, dans sa petite chapelle, pour y faire les exercices du mois de Marie. Mélanie faisait la lecture du jour, puis, tous ensemble, ils chantaient des cantiques à la sainte Vierge.

Mélanie nourrissait sa piété et sa dévotion, non seulement par des prières, mais aussi par de bonnes lectures. Ses livres de prédilection étaient :

L'Imitation de Jésus-Christ,

L'Imitation de la sainte Vierge,

Le Catéchisme,

Les Pensées sur la vérité de la religion,

Et le Pensez-y bien.

Elle faisait bénéficier de ses lectures les personnes qui la visitaient, et en prenait occasion de leur glisser adroitement quelques bons conseils. Si votre mère, disait à sœur Saint-Aubin l'une d'elle, sait bien lire et bien prier, elle sait aussi bien conseiller et bien consoler. Souvent, je suis venue chez elle, ennuyée, découragée, et je m'en suis retournée calme et contente. Bien d'autres peuvent dire comme moi. Sans elle, je me serais trouvée dans de grands embarras. Que de fois, ajouta-t-elle, votre mère n'a-t-elle pas accompagné ses encouragements de quelques secours!

Deux mois avant sa mort, la pauvre Mélanie perdit la vue. Ne pouvant donc plus lire, elle se faisait faire des lectures par l'une de ses deux filles qui l'assistaient. La bonne lecture, leur disait-elle, nourrit l'âme comme la prière. Elle aimait tant ces lectures, que ce fut pour elle un vrai sacrifice de ne pouvoir plus lire! Songeant à ses livres, d'où elle avait tiré tant de lumières et de consolations, elle s'écriait : Mes pauvres livres !..... Un jour, elle voulut les avoir tous sur son lit de douleur; et, les prenant les uns après les autres, dans ses mains tremblantes : Livres chéris, s'écria-t-elle, qui m'avez consolée tant de fois dans mes peines et mes ennuis, je ne pourrai donc plus vous lire!.... Mais, le bon Dieu le veut ainsi, que sa sainte volonté soit faite !

VII

> Mon Père, s'il est possible que ce calice s'éloigne de moi ; néanmoins, qu'il en soit, non comme je le veux, mais comme vous le voulez.
>
> (Matt., xxvi, 39.)
>
> O Dieu, je soupire après vous dès l'aurore... Mon âme a soif de votre présence.
>
> (Ps. 62.)

SA MALADIE. — SA MORT

Mélanie, d'un tempérament robuste, bien constituée, et qui avait toujours été bien portante, fut atteinte, sur les dernières années de sa vie, d'un eczéma au côté droit de la face. De la largeur d'une lentille au début, il prit, avec le temps, la la dimension d'une pièce d'un franc. Ce mal, à peine perceptible, lui causait parfois des douleurs très vives, et lui donnait sur les nerfs. Elle, qui avait choisi la Couronne d'épines au moment de la séparation de ses enfants, a eu visiblement la part de la Couronne d'épines, car, chez elle, c'est la tête qui a le plus souffert, et ce sont les douleurs de tête qui l'ont conduite au tombeau. Il semble que Notre-Seigneur ait voulu lui donner ce dernier trait de ressemblance avec Lui.

Les divers traitements des médecins, et plusieurs saisons aux eaux thermales, ont pu localiser le mal, mais ils ont été impuissants à le conjurer. Venue à Lyon, à deux années de date, pour y être traitée par des spécialistes, elle dut s'en retourner, après quelques mois d'essai, sans avoir obtenu d'amélioration.

A cette occasion, qu'on nous permette de mentionner ici, à titre de reconnaissance et de bon souvenir, la bienveillante obligeance de la Révérende Mère Supérieure Générale des Sœurs de Saint-Joseph. Elle voulut bien faire à la veuve Bonin la gracieuseté de l'héberger au couvent, tout le temps de son séjour à Lyon. Les religieuses se montrèrent aussi très bonnes pour elle, spécialement la Révérende Mère Aloïsia; elles allaient souvent lui tenir compagnie dans sa chambre. Ces bonnes sœurs se plaisaient à lui faire passer agréablement le temps et même à lui procurer quelques douceurs. Ce temps devenait également intéressant pour les Sœurs, car Mélanie les édifiait par sa piété et son courage et les égayait par ses bonnes paroles.

A bout de ressources, les médecins n'ordonnaient plus que des palliatifs auxquels Mélanie dut même renoncer. Force lui fut donc de se résigner à souffrir, c'est ce qu'elle fit.

La voilà donc sur la croix avec une couronne d'épines pour le reste de ces jours. Combien cela durera-t-il ? Quatorze ans, à dater du début de la maladie. Dire ce qu'elle a souffert, surtout durant les trois derniers mois de sa vie, n'est pas possible. A l'épuisement et à la faiblesse extrême, occasionnés par la longueur de la maladie, s'ajoutaient des élancements, des douleurs très vives à la tête et qui irritaient tous les nerfs. N'ayant pas plus de repos la nuit que le jour, obligée de se tourner et de se retourner à tout instant dans son lit, sans trouver une position qui la soulageât, elle souffrait le martyre. Que de jours, que de nuits n'a-t-elle pas dû passer sur une paillasse étendue par terre, seule position où elle semblait souffrir un peu moins ! Dieu merci, dans cet état de souffrance, jamais la patience et la resignation ne lui firent défaut. Elle sut en faire constamment un excellent usage, et s'acquérir ainsi une couronne de gloire pour l'éternité.

Elle conservait d'ailleurs, malgré des douleurs intolérables et un affaiblissement qui annonçaient sa fin prochaine, toute son énergie et toute la lucidité de son esprit.

Un jour, raconte sœur Saint-Aubin, c'était le troisième avant sa mort, je la vois, les mains élevées vers le ciel, malgré sa grande faiblesse, et la figure toute radieuse. J'en fus d'autant plus surprise que, depuis quelque temps, elle ne pouvait s'aider en rien. Je m'approche et lui demande : Mais, ma mère, que dites-vous donc de si joli au bon Dieu, et que vous dit-il, pour que vous soyez si contente ? — Ah ! ma sœur, je remercie le bon Dieu de mes souffrances ! Aide-moi à le remercier du peu que j'ai souffert jusqu'ici. Je ne me serais jamais figurée que les souffrances pussent nous donner tant de consolation à la fin de la vie !..... Je ne puis plus chanter, mais toi, ma fille, chante ; chante le *Te Deum* et le *Magnificat*, en actions de grâces. — Hélas ! je lui obéis. Je chantais par obéissance et pour lui faire plaisir ; mais, aussi, je pleurais. Ma marraine, présente à cette scène, en était tout émue.

Enfin, cette belle âme, longtemps purifiée par la souffrance, riche de vertus et de mérites, sentait venir la fin prochaine de son exil ici-bas. Mélanie demanda elle-même à être administrée ; et, munie de tous les secours de la religion, elle attendit avec un calme inaltérable que le bon Dieu l'appelât à Lui.

La veille de sa mort, M. le Curé, qui lui avait précédemment administré les derniers sacrements, vint lui appliquer l'indulgence des mourants. — Mourrai-je bientôt ? demanda Mélanie. — Oui, bonne mère, répondit M. le Curé, bientôt le bon Dieu vous appellera à lui. Faites-lui bien le sacrifice de votre vie. — Ha ! reprit-elle, toute joyeuse, il y a longtemps que ce sacrifice est fait !..... Hé bien ! continua-t-elle, que Dieu soit béni de cette bonne nouvelle !

Elle dit ensuite à ses enfants : Aidez-moi tous à remercier le bon Dieu des grandes grâces qu'il m'a accordées. Oui, mon Dieu, merci ! merci ! merci !.... Puis elle voulut qu'on fît les prières des agonisants. Faites-moi les prières de la recommandation de l'âme, dit-elle à sœur Saint-Aubin, et ne pleure pas. Il vaut mieux les faire pendant que j'ai toute ma connaissance, j'y pourrai prendre part. Je suis bien contente de mourir, je vois venir la mort avec bonheur. Et puis, il faut bien vouloir ce que le bon Dieu veut. Toi, ma fille, qui es religieuse, sois bien résignée à la volonté de Dieu. Ne pleure pas, mais prie pour moi.

Les prières des agonisants se firent, ainsi qu'elle l'avait demandé.

A partir de ce moment, elle ne cessa de faire des oraisons jaculatoires, surtout celleci : Sainte Vierge, ma bonne Mère, ne m'abandonnez pas, s'il vous plaît ; priez pour moi, maintenant, et à l'heure de ma mort.

Tous ses enfants, sauf le frère Philogone, en retraite dans le Midi, et sœur Anne-Mélanie, que le bon Dieu avait déjà appelée à lui, eurent la satisfaction de se trouver auprès de leur bonne mère à ses derniers moments. Elle leur fit ses dernières recommandations, spécialement celles de s'entr'aider et de bien aimer le bon Dieu, puis leur donna, à tous, *rendez-vous au Ciel.*

Peu après, toujours en présence de ses enfants, et des personnes qui l'entouraient, elle fit le signe de la croix et rendit paisiblement sa belle âme à Dieu, à l'âge de 76 ans. C'était le 18 septembre 1876.

La mort de Mélanie, quoique prévue, fut un petit événement pour la localité. Chacun s'empressa de lui rendre les derniers devoirs. A ses funérailles, il y eut une nombreuse assistance. Les habitants de Chabons, comme ceux de Montrevel, voulurent y prendre part. En rendant ainsi hommage à la vertu, ces bons chrétiens tinrent, en même temps, à donner aux membres des familles Bonin et Moulin, un témoignage de sympathie et d'attachement.

Une réflexion se présente naturellement ici :

Une vie si bien remplie, la foi de cette mère chrétienne, sa confiance en Dieu et sa piété, son dévouement à élever ses enfants et son zèle pour apprendre à ceux qui l'entouraient, à connaître, à aimer et à servir Dieu, sa fermeté et sa constance dans le bien, ses travaux infatigables et sa charité sans bornes, ont dû lui donner, il n'y a pas à en douter, l'assurance de paraître avec confiance au jugement de Dieu. Son désir de la mort en est la confirmation.

A ce moment suprême et décisif pour l'éternité, elle a dû s'entendre dire par notre divin Sauveur, ces consolantes paroles de l'Evangile : « *Venez, vous qui êtes bénie de mon Père, posséder le royaume qui vous a été préparé depuis le commencement du monde ; car j'ai eu faim, et vous m'avez donné à manger ; j'ai eu soif, et vous m'avez donné à boire ; je n'avais point de logement, et vous m'avez logé ; j'étais nu, et vous m'avez revêtu ; j'étais malade, et vous m'avez visité. Car, je vous le dis, en vérité, autant de fois vous avez rendu ces devoirs à l'un des moindres de mes frères, c'est à moi que vous les avez rendus.*

VIII

> On se servira envers vous de la même
> mesure dont vous vous serez servi
> envers les autres.
>
> (Luc, vi, 38.)

ATTENTIONS DES VOISINS POUR LA MÉLANIE

Nous devons à la reconnaissance de relater ici les charitables attentions des voisins pour la Mélanie. Tous, sans exception, s'intéressaient à elle; mais plus particulièrement encore sa belle-sœur, Marie, ainsi que Marie, sa nièce, et le mari de cette dernière, M. Pierre Barruel. Oui, tous ont été pour elle pleins de bonté. Souvent ils la visitaient, et lui apportaient ce qui pouvait lui faire plaisir. Mais c'est surtout pendant sa dernière maladie que ces attentions ont redoublé. Deux faits seulement, entre plusieurs autres :

Premier fait. — Depuis trois mois, la maladie ne permettait pas à Mélanie de se rendre à l'Eglise, sinon parfois en voiture. Un jour de fête, celle de l'Assomption de la Sainte Vierge, la veuve Bonin voulut, malgré les représentations de sa fille, sœur Saint-Aubin, aller à la messe et faire le trajet à pied. Arrivée à l'église, quoique accablée de lassitude, elle se confesse, communie et entend la Sainte-Messe. Et, telle était l'affection que l'on avait pour elle, tous les yeux se portaient vers la place qu'elle occupait.

Au sortir de l'église, chacun voulait l'emmener chez soi. Elle céda, enfin, aux instances de la bonne famille Baril. — Pendant son déjeuner des jeunes gens préparèrent une petite voiture à bras, et se firent un plaisir de conduire eux-mêmes *la Mélanie* jusque chez elle, en disant : Nous la mènerons plus doucement que le cheval.

Second fait. — Pendant les cinq derniers mois de la maladie qui a terminé ses jours, nombre de personnes, tant de Chabons que de Montrevel, s'empressaient de venir passer les nuits auprès d'elle, pour la soigner et soulager les sœurs. Il est bien juste, disaient ces personnes, que nous venions la veiller, elle qui a rendu tant de services et passé tant de nuits au chevet des malades! Ces braves personnes, soit dit à leur louange, regardaient comme l'acquit d'une dette et une faveur de la veiller. Il était vraiment touchant de voir des dames et des demoiselles, d'une complexion assez délicate, lui prodiguer leurs soins, pendant la nuit, et, le lendemain, avant leur départ, embrasser avec effusion la pauvre malade, qui, de son côté, ne savait comment leur exprimer sa reconnaissance.

Encore un fait, d'une autre nature. — Les petits enfants eux-mêmes prenaient part à ces attentions. Lorsque la Mélanie était malade, ils arrivaient à la maison par petites troupes. L'un d'eux entrait doucement et, entr'ouvrant la porte de la chambre, s'assurait de ce que faisait *la Mélanie*.. S'il la voyait en prière, il faisait signe aux autres, et tous entraient dans la pièce voisine, s'asseyaient sans bruit et gardaient le silence. Aussitôt que Mélanie avait fait le signe de la croix qui annonçait la fin de sa prière, tout ce petit monde s'avançait et venait se ranger devant elle, pour se livrer à son petit babil. Il va sans dire que, de temps à autre, la Mélanie récompensait d'un bonbon cette gentillesse enfantine.

IX

> La bouche parle de l'abondance du cœur.
>
> (Matt,, XII, 34.)

QUELQUES PAROLES DE MÉLANIE PENDANT SA MALADIE

Oui, la bouche parle de l'abondance du cœur; c'est la Vérité même qui nous l'apprend. Nous en avons un exemple frappant dans les paroles de Mélanie. Ce que nous avons dit de la veuve Bonin suffirait déjà pour nous édifier sur sa vertu. Mais ses paroles nous révèleront encore mieux la beauté de son âme. Qu'on veuille donc bien nous permettre, en terminant cette Notice, de reproduire quelques-unes de celles qui lui étaient les plus familières. Nous en devons le recueil à ses deux filles, sœur Saint-Aubin et sœur Saint-Adrien. Elles ont eu occasion, pendant les cinq derniers mois de sa maladie, de les lui entendre souvent répéter. Voici donc :

« Pour aimer le bon Dieu, il faut aimer la croix, les souffrances; et pour aimer la croix, il faut aimer le bon Dieu.

« Que les personnes qui sont près de l'Eglise sont heureuses de pouvoir visiter souvent N. S. Jésus-Christ, et se consoler auprès de lui !

Un jour, sœur Saint-Aubin la voyant dans sa chambre, à genoux depuis long-temps, sur la chaise qu'elle avait précé-demment à l'Eglise, et la sachant fatiguée, lui dit : Ma mère, c'est assez, veuillez vous asseoir, je vous prie. — Je suis si contente, répondit-elle, d'être sur ma chaise d'église, que je ne sens point de fatigue. Il me semble que je suis devant le Saint-Sacrement. Tu voudras bien que j'y reste encore? Hélas! ce fut la dernière fois qu'elle put s'agenouiller sur cette chaise où elle avait tant prié!

« Pourtant, disait-elle quelquefois, si le bon Dieu le voulait, il me guérirait, et j'irais à l'église. Mais ce n'est pas sa volonté. Qu'il soit béni de tout; je m'abandonne à lui.

« J'aime bien le bon Dieu; mais s'il me guérissait assez pour me permettre d'entendre la messe... » Vous l'aimeriez encore davantage, dit aussitôt une personne qui était présente? — Hé bien! non, reprit vivement Mélanie, je l'aime autant que je puis.

« Mon Dieu, disait-elle souvent, je vous aime beaucoup, du moins autant que je puis vous aimer, parce que vous m'avez mise sur la croix. Merci, mon Dieu!

« Mon Dieu, je souffre beaucoup, mais pas autant que je le mérite.

« Mon Dieu, quand je pense que vous êtes si bon pour nous et combien vous nous aimez, j'ai du plaisir de souffrir pour votre amour. Qu'on est heureux de pouvoir vous aimer! Que c'est dommage que tous les hommes ne vous aiment pas!

« Mon Dieu, accordez à mes enfants d'être bien sages, d'accomplir toujours votre volonté, et d'aller, avec moi, en Paradis.

« Ciel! paradis! que ces deux mots sont beaux! Comme ils réjouissent le cœur!

« Quand on souffre avec patience et résignation, on éprouve un contentement que je ne sais exprimer.

« Mon Dieu, qu'il fait bon vous prier! Mais je n'en ai plus la force. S'adressant à sœur Saint-Aubin : Ma sœur, prie donc à ma place. Il faudra aussi bien prier pour les personnes qui nous ont rendu service; mais particulièrement pour vos Supérieures de Lyon et pour les Sœurs, qui ont été si bonnes pour moi quand j'étais aux Chartreux. Si le bon Dieu me met en paradis, je ne les oublierai pas.

« Vierge sainte, ma bonne Mère, soulagez-moi, je vous en serai bien reconnaissante; néanmoins, que la volonté de Dieu soit faite. Puis, recueillant toutes ses forces, elle entonnait un de ces cantiques qu'elle savait par cœur, tels que : *Je mets ma confiance... Nous n'avons à faire que notre salut... Bénissons à jamais*. Et quand elle ne pouvait plus chanter, elle priait sœur Saint-Aubin de chanter à sa place.

Dans des moments de grandes souffrances, on l'entendait quelquefois s'écrier : « Mon Dieu, adoucissez mes souffrances, si c'est votre volonté; au moins, donnez-moi la force et la résignation de souffrir pour votre amour.

« Mon Dieu, je vous offre mes souffrances pour le soulagement des âmes du purgatoire et pour la conversion des pécheurs.

Que de fois elle a répété ces paroles : « Mon Dieu, je vous fais de tout mon cœur le sacrifice de ma vie. Mon Dieu, que je désire donc de vous voir ! Quand m'appellerez-vous à vous ? Mais *que votre volonté soit faite, et non la mienne !*

Un jour, c'était l'un des derniers de sa vie, la sœur lui dit : Ma mère, j'aperçois M. le curé qui vous apporte la sainte communion. « Hé bien ! aide-moi à me bien préparer. Si c'était au moins pour la dernière fois ! » Elle reprit aussitôt : « J'ai peut-être mal fait de prononcer cette parole. Hé bien ! mon Dieu, malgré le désir de vous voir, je veux souffrir, et souffrir autant qu'il vous plaira. Tout, mon Dieu, oui, tout selon votre bon plaisir : la vie ou la mort. »

Telle était la nature des pensées et des sentiments qu'elle exprimait, à tout propos, sous diverses formes. Nous nous bornons à ces citations, suffisantes d'ailleurs pour donner une idée de la vertu de cette mère de famille.

Par sa parfaite conformité à la volonté de Dieu, dans toutes les situations où elle s'est trouvée, on peut juger du degré de perfection où elle a dû arriver. Il y a donc tout lieu de croire, c'est d'ailleurs l'assurance que nous en a donnée son confesseur, que cette belle âme, au sortir de cette vie, est allée directement en paradis. C'est là qu'elle attend ses enfants auxquels elle a donné rendez-vous.

X

Le juste parle encore après sa mort.
(Héb., XI, 4.)

RÉFLEXION ET FIN

Voila donc ce qu'a pu faire une mère chrétienne : gérer avec intelligence et succès ses affaires temporelles, bien élever ses enfants et les placer convenablement; se rendre utile au prochain par la pratique de la charité et l'exercice du zèle;

et, avec tout cela et milieu de tout cela, opérer l'œuvre de sa sanctification.

Ses devoirs d'état l'obligeaient à travailler, à soigner le temporel, à élever sa famille. C'était une tâche au-dessus de ses forces. Où a-t-elle trouvé le moyen de se réconforter, pour faire face à tout, et arriver même à une prospérité relative? Elle l'a trouvé dans la prière, dans l'union avec Dieu, dans la dévotion à la sainte Vierge. Unie à Dieu, par la prière et la pureté d'intention, Dieu agissait en elle et par elle. C'est ainsi que se sont vérifiées, à son égard, ces paroles de Dieu lui-même : *Je sers celui qui me sert.*

Mais, on l'a vu, Mélanie ne s'est pas bornée à prier. Conformant sa conduite à cette recommandation du saint Esprit : *Aide-toi, et le ciel t'aidera,* elle a travaillé, beaucoup travaillé, et avec une activité et une constance qui ne se sont jamais démenties. Unissant ainsi l'office de Marthe à la piété de Marie, elle est parvenue à faire tout ce qu'elle a fait, parce que, encore une fois, Dieu agissait en elle et par elle.

C'est bien dans la conduite de Mélanie que l'on voit la confirmation de ces paroles de saint Paul : *La piété est utile à tout.* Sans piété, sans confiance en Dieu, jamais la veuve Bonin n'eût osé entreprendre d'affronter les difficultés qui se dressaient devant elle, à la suite de la mort prématurée de son mari. La seule pensée de l'avenir aurait suffi pour la décourager et l'abattre. Mais, au milieu des rudes épreuves où elle s'est trouvée, sa foi toute chrétienne l'a soutenue. Et, malgré sa faiblesse et son impuissance, forte de sa confiance en Dieu, elle a pu dire avec saint Paul : *Je puis tout en celui qui me fortifie.*

C'est ainsi que Mélanie parlera encore après sa mort ; oui, elle parlera à tous ceux qui auront occasion de lire les paroles et les faits relatés dans cette Notice. Plaise à Dieu qu'ils en soient édifiés, et encouragés à chercher avant tout le royaume de Dieu et sa justice.

Un ecclésiastique, ayant pris connaissance de la Notice qui précède, la rapporta à celui qui l'a écrite et lui dit : La Notice que je viens de lire est la fidèle reproduction du portrait que le Saint-Esprit fait lui-même de la *femme forte*, dans le livre des Proverbes. De fait, me montrant aussitôt la description de ce portrait, j'y lus ceci :

« Qui trouvera une femme forte ? Elle est plus précieuse que ce qui s'apporte des extrémités du monde.

« Le cœur de son mari met sa confiance en elle, et il ne manquera point de dépouilles.

« Elle lui rendra le bien, et non le mal, pendant tous les jours de sa vie.

« Elle a cherché la laine et le lin, et elle a travaillé avec des mains sages et ingénieuses.

« Elle est comme le vaisseau d'un marchand qui apporte son pain de loin.

« Elle se lève lorsqu'il est encore nuit elle partage à manger à ses serviteurs et à ses servantes.

« Elle a considéré un champ et l'a acheté ; elle a planté une vigne du fruit de ses mains.

« Elle a ceint ses reins de force, et elle a affermi son bras.

« Elle a goûté et elle a vu que son trafic était bon ; sa lampe ne s'éteindra point pendant la nuit.

« Elle a porté sa main à des choses fortes, et ses doigts ont pris le fuseau.

« Elle a ouvert sa main à l'indigent ; elle a étendu ses bras vers le pauvre.

« Elle ne craindra point pour sa maison le froid ni la neige, parce que tous ses domestiques ont un double vêtement.

« Elle a fait des toiles fines et les a vendues, et elle a donné des ceintures aux Chananéens.

« Elle est revêtue de force et de beauté, et elle rira au dernier jour.

« Elle a ouvert sa bouche à la sagesse, et la loi de la clémence est sur sa langue.

« Elle a veillé sur les pas des siens, et n'a pas mangé le pain de l'oisiveté.

« Ses fils se sont levés et l'ont appelée bienheureuse ; son époux s'est levé et l'a comblée de louanges.

« Plusieurs d'entre les femmes ont brillé par leur vertu, mais tu les a toutes surpassées.

« La grâce est trompeuse, et la beauté est vaine ; la femme qui craint le Seigneur est celle qui sera louée.

« Donnez-lui du fruit de ses mains, et que ses propres œuvres la louent dans l'assemblée des Juges. (*Proverbes*, ch. XXXI, 10 à 39.)

En considérant un tel portrait, ne dirait-on pas, en effet, que Mélanie l'avait sans cesse devant les yeux, et qu'elle s'appliquait à le reproduire, trait pour trait ? Du commencement de sa vie à la fin, rien n'y est omis, pas même la sainte joie qui inonda son âme au moment de quitter la terre : « *Elle rira au dernier jour.* [Il y a donc bien lieu de croire que le dernier trait qui achève de caractériser la *femme forte* et de perfectionner son portrait, se trouve aussi en Mélanie, et qu'elle jouit du bonheur et de la gloire des élus, selon ces expressions : *Donnez-lui du fruit de ses mains, et que ses propres œuvres la louent dans l'assemblée des Juges,* des Saints.

TABLE DES MATIÈRES

Lyon. — Imp. et Librairie VITTE & PERRUSSEL, rue Sala, 58

www.ingramcontent.com/pod-product-compliance
Lightning Source LLC
Chambersburg PA
CBHW061349060726
47597CB00003B/795